冉雪峰
中醫文化學術之路

饶家济 著

重慶出版集團 重慶出版社

图书在版编目(CIP)数据

冉雪峰:中医文化学术之路/饶家济著. —重庆:重庆出版社,2023.11
ISBN 978-7-229-18215-1

Ⅰ.①冉… Ⅱ.①饶… Ⅲ.①冉雪峰—生平事迹 ②冉雪峰—中医学—医学思想—研究 Ⅳ.①K826.2 ②R2-092

中国国家版本馆CIP数据核字(2023)第234643号

冉雪峰——中医文化学术之路
RAN XUEFENG—ZHONGYI WENHUA XUESHU ZHI LU
饶家济 著

责任编辑:刘 喆
责任校对:杨 婧
封面题字:许仁龙
装帧设计:唐新江

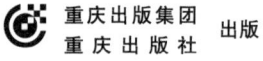

重庆出版集团
重庆出版社 出版

重庆市南岸区南滨路162号1幢 邮政编码:400061 http://www.cqph.com
重庆市鹏程印务有限公司印刷
重庆出版集团图书发行有限公司发行
全国新华书店经销

开本:889mm×1194mm 1/32 印张:7.5 字数:180千 彩插:1
2023年11月第1版 2023年11月第1次印刷
ISBN 978-7-229-18215-1
定价:36.00元

如有印装质量问题,请向本集团图书发行有限公司调换:023-61520678

版权所有 侵权必究

饶家济，男，1949年12月生于重庆市巫山县，家学渊源，三世业医，幼承庭训，1987年初获主治中医师职称，曾任巫山县中医院副院长、巫山县中医学会第一届会长、巫山县人民政府副县长、唯象中医学会全国理事、冉雪峰先生私淑弟子，《巫山县中草药志》主编、《冉雪峰医著全集》副主编。

论文《太阳病实质刍议——兼论寒温统一》得到现代伤寒论领域研究大家刘渡舟教授的鼓励与肯定。

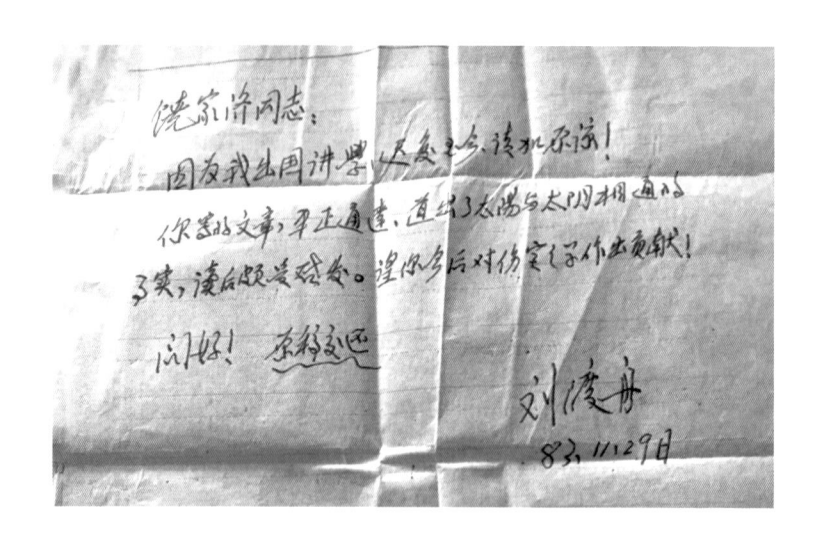

饶家济同志：

因为我出国讲学，迟复至今，请加原谅！你写的文章，平正通达，道出了太阳与太阴相同的事实，读后颇受启发。望你今后对伤寒之学作出贡献！

刘渡舟

1983.11.29

冉雪峰生平

冉雪峰，原名敬典，字剑虹，1879年11月18日出生于四川省巫山县中医世家，1963年1月29日病逝于北京，享年85岁。先生系晚清廪生、醇儒、清末民初著名报人、辛亥革命党人、武昌首义元勋之一。历任南京政府中央国医馆医务处长、中央国医馆湖北分馆第四届馆长，重庆中医进修学校校长，中国人民政治协商会议全国委员会第二届、第三届委员，中华医学会常务理事。皓首之年晋京，供职于卫生部中医研究院（中国中医科学院前身），任中医研究院学术委员会副主任兼高干外宾治疗室主任。先生一生旨在中医文化学术的绵延赓续，富有强烈的托命感和天命担当，七十年如一日，臻入化境，乃近代以来中医文化学术托命之人。

内容提要

本书从冉雪峰生平行谊、文化渊薮、学术思想、诊疗阅历、箕裘克绍等多维度探寻、综辑要义,演绎先生强烈的传统文化托命感暨中医学术的天命担当,提出"中医文化学术托命之人"命题。传统文化的命运就是中医学的命运,中医文化学术如何在现代文明语境中浴火涅槃,路在"返本开新"。文化的背后,有其肉身的寄托,先生自觉承担起中医文化学术之生命,故曰"中医文化学术托命之人"。

学也者,观察事物而发明其真理者也;术也者,取所发明之真理而致诸用者也。

————梁启超

盖学与术异。学者考自然之理,立必然之例。术者据既知之理,求可成之功。学主知,术主行。

————严复

无论是中国文化,还是世界文化,在抽象的精神背后,都有其肉身的寄托,从而显示出文化的主体性。这个文化主体,就是自觉担当和传承文化的那些人,故曰"文化托命之人"。文化就是通过这一代代托命之人薪火相传,旧邦新命,得以创造性传承的。

————许纪霖

目 录

第一章 矢志国医 鞠躬尽瘁

一、幼承家学，尽染儒医底色 ……………………2
二、位卑未敢忘九州，医人医国集一身 …………3
三、首义武昌卫社稷，走出铁窗归医途 …………4
四、救苍生于大疫，挽岐黄之危亡 ………………10
五、赴国难身先士卒，寇焰疾不坠其志 …………14
六、剖肝为纸沥血辞，千秋大业济世长 …………16
七、仁心仁术垂师范，但开风气惠苍生 …………21

第二章 明天理之根源 究万物之始终

一、易以天地准，不落空虚 ………………………28
二、阴阳不过是个气，器物赋了成形 ……………31
三、知变知化，唯变所适 …………………………33

第三章 理燮天人 义含哲科

一、返本开新之大本 ………………………………42
二、治经贵通大义 …………………………………42
三、研究《内经》之方法 …………………………48
四、其亡其亡，系于苞桑 …………………………51
五、医无论中西都要先从基础上下功夫 …………54
六、中医学复兴之路 ………………………………58

第四章　注焉而不满　酌焉而不竭
    一、晚年的名山事业 ························64
    二、先释书所以名伤寒的意义 ················68
    三、伤寒六经纵与横 ························70
    四、少阳主枢与小柴胡汤 ····················78

第五章　战乱烽火中的本草溯源
    一、一身系文脉，原典溯源注《本经》 ········88
    二、药理、病理、治疗、生理互启互阐 ········96
    三、欲写沉忧付壮歌 ·······················100

第六章　《冉氏方剂学》札记
    一、《冉氏方剂学》之世纪沧桑 ·············104
    二、毕生为学之结晶——方剂学总论十章 ·····109
    三、方成无药　神化无方——方学各论 ······114
    附录　《冉氏方剂学》补遗 ·················159

第七章 《冉雪峰医案》研读、赏析与发微
  一、春风劲放花千树，金针度人诊籍中 ……192
  二、读伤暑案 ……193
  三、读秋温案 ……195
  四、读战汗案 ……198
  五、读亡阴案 ……199
  六、读尸厥案 ……200
  七、读晕厥案 ……205
  八、读中风案 ……207
  九、读野山参烧灰为引案 ……210
  十、读陈嘉庚乌头中毒案 ……212
  十一、读下痢案 ……213
  十二、读霍乱案 ……216
  十三、读劳复案 ……218
  十四、读肺痿案 ……222
  十五、读肺痈案 ……224

参考文献 ……227

后　记 ……229

第一章 矢志国医 鞠躬尽瘁

钱穆先生在《中国历史研究法》中提道：从学者本身之实际人生来了解其学术。若漫失了学者其人，即无法深入了悟到其人之学术。

《冉注伤寒论》：我辈后学，高山仰止，景行行止，所谓读其书，论其事，想见其为人，总欲明了他的身世始末，为学源委，以做楷模矜式而后快。

一、幼承家学，尽染儒医底色

夔州古府乘舟，过滟滪滩，出瞿塘峡东口进入巫山县境。巫山县古为巫载国邑，战国时期为楚西陲门户巫郡，秦以巫名县。明杨慎《艺林伐山》卷四《巫山》引晋人郭璞《巫山赋》云："巫山，以帝尧医师巫咸封于斯山而得名。"巫咸，唐尧时人，以作筮著称，祝延人之福疾，知人之生死存亡，尧帝敬之为神巫，并封为良相。《山海经·大荒西经》有灵山十巫从此升降，宣神旨，达民情，采药治病的文字记载。古"灵"与"巫"相通，灵山即巫山，亘古亘今，浓郁的巫史文化传统充塞大巫山地区。距巫山县城西去30公里的长江南岸，是先生故里——大溪乡。乡西有溪水南来注入长江，水清如黛，亦名黛溪。大溪乡，亦因溪名之。黛溪两岸台地上的新石器文化遗址，出土有大量石器、玉器和以彩绘红陶为主的陶器，郭沫若谓之"大溪文化"，属母系氏族晚期至父系氏族萌芽阶段的原始遗址，距今约五六千年，乃长江文明发祥地之一。先生世代祖居大溪，沐巫风、栉峡雨，六世医传，其父尊曾一度主持曾国藩湘军名将鲍超（霆字营）的医务。先生幼秉家学，随侍慈父严师采药于瞿塘赤甲，问疾于田禾农舍，日濡月染，潜移默化，在年幼的心灵中播下仁术的种子。

天有不测风云，人有旦夕祸福，簪缨之家，因其父见背，家道中衰。先生遂一心向学，习举子业，读书于文庙。20世纪80年代初，笔者偕同冉雪峰研究会（筹）同仁前往大溪乡做田野调查，见大溪乡小学校教学楼围墙尚砌有"文庙"字样的硕大块砖。先生沉潜往复《诗》《书》《礼》《易》《春秋》及涉及《乐经》的典籍，无论是先秦诸子、两汉雄文、魏晋玄言、唐宋古文，还是诗经、歌赋、乐府、唐诗、宋词，含玩有年，尽情吸吮、消化中华传统文化之精髓，积淀了厚重的国学根柢，涵濡出浓郁的书生底色。先生"十五入泮"，与笔者祖父、维新派人士饶宪张同窗，相交莫逆，同科秀才，并皆获取廪生功名。二人于1898年结伴赴成都参加乡试，均挂水牌（清制：初试合格即挂水牌），后因考场贿风肆虐皆落第。在蓉期间，时值藩司衙门举办留学日本官费生选拔考试，同窗二人双双考中。随后省布政司多次致函巫山县衙，敦促东渡，先生因门衰祚薄而未遂。

二、位卑未敢忘九州，医人医国集一身

"仰天大笑出门去，我辈岂是蓬蒿人。"青年冉雪峰，"性好读书，尤喜阅报，见前清专制过虐，内政恶劣，外交失败，慨然曰：'大丈夫安能埋没纸堆，郁郁久居此乎？'"1903年，在同窗契友资助下，先生冲决宗法网罗，挂一叶风帆，顺大江东下，来到湖北，在户部尚书兼财政大臣柯巽庵创办之武昌医馆担任教习以为生计。清光绪末年，六月酷暑，数月不雨，草木半枯，霍乱暴虐武昌，死者以万计。先生于《灵枢》《素问》《伤寒杂病论》中反复求索，临证以经方为主撷取时方精华，经手治愈百余例，且十之八九已无脉（古人谓脉微欲绝者不可治），医名大噪。

在医馆授课之暇、临证之余，先生撰写《霍乱证鉴别及治疗方法》，于1906年在汉正式出版。论中立寒、热二门，重点强调"寒多不是无热，特寒为多；热多不是无寒，特热为多"，治疗宗仲景用姜附斡旋，以启下焦生阳而输灌四末。先生特别推崇五苓散治热多，桂以化气，气化水行，水行热行，热随水去的"灵空斡旋""游刃于虚"。他认为四苓散去桂用寒治热，是局限机械于以相对者立法，画虎不成，弄巧成拙，"将至灵至便至活泼泼之剂，变成至钝至呆至糟粕之物"。义理与临床交互辉映，启迪医林，嘉惠苍生。同期，先生还兼任京、沪各大报驻鄂访员，"鼓吹事实，灌输学说，使人人脑筋中有革命思想，以期举义时全国一致，事半功倍"。1907年，先生出游京、沪，考察全国形势，结识天下志士。同年，联合新闻界同仁，创办湖北新闻社并任社长。"专俟满政府举动，以为乘机窃发之计"，实为新闻界反清之革命会党组织。

三、首义武昌卫社稷，走出铁窗归医途

江汉汤汤，红楼烈烈，辛亥前夜，九省通衢的武汉三镇风起云涌。1910年聂豫在武汉广泛联络军、学、商界反清志士，创建反清团体——振团尊心会，青年冉雪峰参加了该会创建工作并担任该会学界、知识界代表。

振团尊心会成立后，积极宣传民主共和，先生每于稠人广众中，纵论天下形势，节假日深入新军各协标营内，联络会党同志，共襄大事。1911年10月9日，孙武在汉口赶制炸弹时不慎爆炸，武昌的起义机关相继暴露。武汉三镇一时黑云压城，风声鹤唳。9日晚，振团尊心会军界代表胡玉斋秘密潜往先生寓所，

"俱告所以覆事危险状,并谓军界已联合就绪,即日举义",密商举事谋略。先生临危不乱,沙盘推演:"武昌形势显露,在中国历史上素无固守之价值,然轮轨便捷,易于号召天下,诚以鄂军之力光复武汉;一军出武胜关,合秦、豫健甲,扼黄河以震伪都;一军下江南,率吴、越之众,扼登、莱以断漕运,扼直隶海峡以断海运。如是,则满政府穷促一隅,不推自倒矣。"全局在胸,审时度势。"此举济否?"胡玉斋进一步就举事利钝成败请先生定夺。"济,举大事者不问成败,只论可否,征之人心可耳。方今革命学说大昌,天下讴吟思汉,非一日矣。如机在弦,触之斯发,何往不济?"先生坚定刚毅,字字掷地有声。次日,武昌首义暴发,先生短布从军,下马作露布,上马杀贼,担任鄂军务部命令官,协助实际主持军务部战事的参议聂豫运筹方略。

武昌起义后,中华民国湖北军政府设参谋、军务、政事、外交四部,组织领导了阳夏保卫战、武汉保卫战、北伐部署等重大军事行动。新生共和政权于襁褓之中,战事频繁,各部中尤以军务部最为重要,被视为中枢。湖北军政府既是中华民国第一个省级军政府,同时又代行中央军政府职责,在全国的领导地位受到各省的公认和拥护。先生复申直出武胜关之议:"以今日之事,唯战而已,战于鄂之境内,不如战于鄂之境外。"当道以兵多新练,未果。嗣北军南下,阳夏失败。

汉阳失守,都督府中炮被焚,黎元洪避走,军政府各机关人员也纷纷离散。军务部中主张放弃武昌顺江东下者众。新生政权危亡之际,先生冷静分析战局,沉着应对。"三军可夺帅也,匹夫不可夺志也",力主"长江天堑,敌难飞渡。各省援军计已将到,湖粤扼其上,皖赣抄其下,敌当败而走也。若弃而东下,长江流域划断,上下声息不通,大事去矣",从战略的高度对战局的分析与判断，得到军务部主事者聂豫的采纳。全部上下亲冒矢石，屹然不动，稳定了义军。后经英驻汉领事出面调停，休战三天。"张良借箸筹，汉家成一统"，南北议和，大功告成，亚洲第一共和国诞生。先生"以破坏之余，宜谋建设。暇日，仍借报纸为监督指导之助，唯据事直书，危言谠论，为群小所疾，僭于黎副总统，下之于狱，并欲杀之"。1912年8月初，上海《民立报》发了一条湖北通讯社电讯："武昌南湖炮队发动倒黎运动，遭到镇压。"黎元洪于8月5日即以"电报造谣，摇惑人心"的罪名，逮捕了先生，并准备立即"正法"。共和奇冤，江汉一叶，鸟尽弓藏，千古一辙，一时全国舆论哗然。首义同志据理抗争，中华民国参议院提出参议案，各省政要与中央政府内阁函电交驰，同盟会元老于右任、邵力子居中斡旋，复经各省来鄂庆祝首届双十节代表联名保释，始克出狱。先生"之被逮也，无愠色，免冠对簿，唯以谈笑出之。其出也无喜色，尝谓周文演《易》、司马作《史记》、韩非著《孤愤》、黄霸受《尚书》，均于囹圄幽系中得之，己则没没无闻。抚躬增愧，唯杜门不出，研究卫生学说，拟将前著《灵素外传》《本草发明》各书续而成之。同志中有劝其复出者，君曰：'余无政治学识，破坏与建设异致，民国自我辈创之，不必自我辈安之。何能再为冯妇？况卫生即以强种，强种即以强国。发扬至道，倡明绝学，以与欧美抗衡，未始非挽回国权，拯救同胞之一助也'"。

"慷慨歌燕市，从容作楚囚"，直面铁窗、极刑，入无愠，出无喜，先生超然死生，大义凛然，梦寐萦怀于周文王、司马迁、韩非子、黄霸等大哲先贤幽系中之大作为，感念自己身陷囹圄一遭没没无所作为而愧怍。鼎革以还，世风不古，先生目睹党人竞权逐利，深感革政不如强种，毅然弃政向学，杜门不出，研习岐黄，一心以卫生强种为己任。扬子汤汤，这似水流年，当记取民元奇冤；巫山苍苍，愿岐黄旧医，继自今万岁千秋。先生曾自谓"无能医国，或可医生，无益于国家，或益于社会"。

中医典籍中，《黄帝内经》《神农本草经》《伤寒论》鼎峙而三，谓为三坟。中医学术的复兴首要的是承接赓续，回到传统，回到经典。先生出狱后，摒绝形形色色的诱惑，以横渠"四为句"自许，精神聚会于早年著述《灵素外传》《本草发明》的充实、完善。《灵素外传》《本草发明》撰写于何时，没有明确的文字记载。从现有资料追溯，《灵素外传》《本草发明》撰写于首义之前，且先生因奔走国事，戎马倥偬，未及竣稿，但应与同期定稿的《霍乱证与痧证鉴别及治疗法》的写作时间相距不远。1907年先生出游京、沪，组织新闻社鼓吹革命，1910年参加振团尊心会运动举事，1911年参加首义，1912年下狱。由此推断其最有可能是1906年前后，先生在武昌医馆担任教习，课余悬壶临证，于教学编写讲义时之著述。《灵素外传》《本草发明》以及《霍乱证与痧证鉴别及治疗法》是先生中医学术处女作，亦是先生中医学术生涯的起点。

家国天下意识永远是清末民初一代有识之士挥之不去的情结。1948年先生给门人龚去非函："峰今年七旬，武汉各好友及门人，拟为祝寿……附寄寿序底稿一纸，希便中一阅，知峰生平梗概。"随信附寄的《吾师冉雪峰先生七十生辰寿言》（以下简称《寿言》）载：洪宪帝制发生，先生大张挞伐，为袁世凯"所疑忌，捕因于京畿总执法处。每庭训，侃侃而谈，不稍示弱……袁帝死乃脱险。在狱中，授易于浙人杭辛斋，每讲时，该处职员绕囚室旁听者，辄数十人，实为洪宪帝制狱中留一特殊纪念"。

历史情境的生动，成就了一段关于情怀、守望的邂逅，在一个常人不可思议的地方发生。民元风雨如晦，鸡鸣不已。同样的罪名——反袁称帝，同样因国事二度下狱，同样被囚于北京西单的京畿总执法处，浙人杭辛斋与先生相遇狱中。

杭辛斋（1869—1924）浙江海宁人。清光绪十五年县试第一名，越二年入国子监，继又肄业于总理衙门同文馆。两次上书光绪帝，条陈变法图强之策。光绪帝密旨召见两次，授为内阁中书，面谕京机章京行走，赐"言满天下"象牙章。1924年病逝于上海，孙中山送花圈祭奠，赠"忠贞谅直"四字。1897年，杭辛斋与严复等在津创办《国闻报》，并一度担任主笔。翌年，戊戌变法失败，一时万马齐喑。《国闻报》面对巨大压力，在国内首家报道六君子喋血菜市口的消息："有西人自北京来，传述初六、七日中国朝局既变，既有某国驻京公使署中人，前往康氏弟子谭嗣同处，以外国使馆可以设法保护之说讽之。谭嗣同说：'大丈夫不做事则已，作事则磊磊落落，一死何足惜；且外国变法未有不流血者，中国以变法流血者，谓自谭嗣同始……'"，为维新志士张目。

庚子之乱前夕，杭辛斋密谋劫持光绪帝南迁，未获成功，于是匿迹于山东德州一带，以看病行医为名，行韬晦之举。1906年，杭辛斋因在《京话日报》主持笔政，清廷以"妄议朝政，捏造谎言，附和匪党，肆为论说"罪，将其逮捕下狱。1915年袁世凯帝制酝酿阶段，曾以"阁员"及10万银圆和北京豪华宅邸相利诱，杭辛斋不为所动，以后毅然参与倒袁而二度入狱。

关于杭辛斋狱中受《易》有不同的记载，且不乏传奇。袁世凯的长子袁克定《三十年闻见行录》："当丈之入狱也，忽见壁上题某月日杭辛斋当来此，诧之，犹以为知者所戏书耳。诘其人，则河南寇'白朗'之记室某也"。《报人杭辛斋遗闻》：在缧绁中，与他同监的是一位须眉皆白的长者，这位老人一见杭辛斋，惊诧道："昨夜愚易卜，知有妙人当来，原来是君，君有夙慧，吾道有传人矣。"不承想，这位长者却是一位精通易学的高人，在狱中传授易学于杭辛斋，杭也精研不懈。及袁死出狱，杭乃遍搜天下"易学"著作，日夕研读，后以近代易学大家而名天下。

前述闻见及遗闻不乏杜撰与演绎，但都指向杭辛斋狱中学习易学的史实。《寿言》载，先生设帐狱中，给杭辛斋讲授易学，军机总执法处职员数十人环绕囚室旁听，谓为洪宪帝制狱中一特殊纪念。

《闻见行录》《遗闻》皆第三者所记，《寿言》乃先生亲历亲为亲忆之口述历史，细节逼真，场景生动，还原了一段特殊的时期、特殊的环境、特殊的师生、特殊的蹭课史，成就了先生与杭辛斋狱中授受易学的特殊机缘，先生以特殊的纪念视之，不无与有荣焉。对生命的体会，对易学的理解，若先生没有足够深的积淀与造诣，是不敢为国士师——晚清儒生、著名报人、革命党人、一介儒医，太多相似的人生阅历；思想、学养、气节、文质太多相近的人生旨趣。《周易·乾》有曰"同声相应，同气相求，"《诗经·小雅·伐木》易云："伐木丁丁，鸟鸣嘤嘤，出自幽谷，迁于乔木。嘤其鸣矣，求其友声"，此之谓也。

《周易》为中国传统文化最高经典。研究中国文化，不从《周易》探研，有如无本之木，无源之水，有数典忘祖之虞。孙思邈讲"不知'易'，不足以言太医"，易经是中医学术的原点和根柢。若将中医学术喻为一派茫茫大江，那么活水源头在易经。先生将狱中研习、讲授易经的心得，择其精粹，著《蒙难谈易笔记》，自序中谓"穷通难亨，恍如见道，生平得力在此。其系蒙象辞曰：险而止极蒙之形，蒙而亨妙险之用。然祸福之见大明，

9

群工趋避天下，何以有道义，故君子虽无苟免，鼎镬如饴。即此身不幸，而十四种原质尚存，浩气复还于太虚。刀锯不畏，何论缧绁。羑里七年，适足破感，存义为千古，坎壈太平者，一发其蒙噫！"先生没有停留在文字注疏和书斋研究，而是直接面对活泼泼的生命存在的真实性，穷理致知，反躬践实。用易经的哲学思想充实自我生命与灵性，知中有行，行中有知，如卦之始于乾而终于未济，永远处于交互运动之中，大化流行，生生不息。"自是而后遂迹医林，抱不做官、不发财主义，精力视线转集于医……意者天为中医存亡生师，故行拂乱其所为，强迫之以入医之一途耶"。

传统文化是发自先生内心深处的生命体验，中医文化学术是先生安身立命的认同对象，是浸入骨髓的生命感，"为天地立心，为生民立命，为往圣继绝学，为万古开太平，虽千万人、千万难，吾往矣"。《孟子》"故天将降大任于斯人也，必先苦其心智，劳其筋骨，饿其体肤，空乏其身，行拂乱其所为，所以动心忍性，曾益其所不能"，是先生的自许、自律、自励，易学中所蕴含的对生命的感发、滋养、孕育了先生的心智、品格、襟抱和修养，以"上天将斯文属余"的大担当，七十年如一日，筚路蓝缕承担着中医文化学术的生命，凝心专笃，知变适变，策励精进。当下，以中医为职业的人太多，以中医为生命的人渐行渐少。先生的身上弥漫着传统文化哲性的光辉和超越熙来攘往的肃穆，以绝大的悲天悯人仰望星空，抵抗游移无根的侵袭。

四、救苍生于大疫，挽岐黄之危亡

1917年，武汉白喉、瘛证、痘证流行，医者昧于治法，死亡累累。先生遵循古训，精求气化，辨析脉证，提出气化太过，水热成温，水热为温病之根源，而温病又为喉、痧、痘之根源，由古训"热病者伤寒之类也"推出"温病者热病之类耳"，三证皆温病之变象。解表为第一要义，汗以辛凉则可，汗以辛温则不可。时值先生悬壶武昌中和里，经治全活甚众，并撰写《温病问题之解决》一篇。同年冬，鼠疫暴发，自归绥而晋而鲁而宁越，浸浸南下，武汉尤为惨烈，罹是疾者，死亡甚众。先生自拟经验方"太素清燥救肺汤""急救通窍活血汤"分气、血救治，按方施治，均以一二剂起之，撰《鼠疫问题之解决正、续篇》。张锡纯在《论鼠疫之原因及治法》（《医学衷中参西录》）中提道："汉皋友人冉雪峰鼠疫问题之解决……详悉精微，无理不彻，无法不备，询可谓治鼠疫者之金科玉律。而拙论中未采用其方者皆宜尊用，非仅可采用其一二也。欲研究鼠疫之治法者，取冉君之书与拙论参考可也。"1918年，先生的《温病鼠疫问题解决合篇》在武汉正式出版，该书现于北京中医药大学图书馆善本部珍藏，不外借。同年先生创办《中西医学杂志》并任主编，其时麻证流行，先生"于初热毒未遏成时，开皮毛以透其热，则正伸热解，汗出热退；若毒已成，则须如法托出，勿俾热势内陷。点收而毒化，毒化而热退"，经治活人无数。先生撰《麻证问题之商榷》一书，先在《中西医学杂志》连载，后辑成付梓。在《冉雪峰医案》中，辑录麻证四案，足资参考。

此外先生在天花、流脑、乙脑、伤寒方面，均有专论，对中医防治急性传染病方面贡献卓著。著名中医学家、中西医汇通大师张锡纯对先生赞誉有加："冉君诚近世医界之翘楚也。楚国有才，其信然乎！"

1919年，先生感于西医东渐，中医式微，遂联合汉上名医陆继韩、胡书成、李子余诸同道，组织创建湖北省中医公会与中医学会，先生被推选为会长。与此同时，先生创办《中医杂志》，兼任总编。同年，阎锡山发起成立"山西中医改进研究会"，丁福保、张锡纯、丁甘仁、谢利恒、恽铁樵、冉雪峰、何廉臣、曹炳章等，被聘为名誉理事，一时中医名流耆宿尽在其列。

1920年，先生于武汉三佛阁创办武昌中医夜校，学生30余人，白天临证，夜间行课，先生私人付酬延聘教习。

1923年，先生忧于岐黄后继乏人，专函向张锡纯君请益，征询创建医学堂规则。张先生《复冉雪峰创建医学堂规则书》曰："雪峰仁兄雅鉴，为建医校，殷殷驰书下问，足见提倡医学之深心也……我兄医界国手，负时众望。当广搜群籍撷其精，参以西学择其粹，独出见解，发古之所未发，补中西所未备，撰为医学新讲义，以教育生徒，诚千古之慧业也，济世之仁术也，岂不美哉！"南冉北张，思想同向。先生独资创办"湖北私立中医专门学校"，在武昌黄土坡借陆军学堂校址，自任校长。学生近200人，分甲、乙两班，教职工近二三十人。先生自己编写教材，批改作业，执教讲课，答疑解惑，并附设临时医院施诊送药，指导学生见习、实习。该校为救亡续绝，培养了一批中医真才，桃李遍及江南各省。

1925年，北京政府教育部继续推行排斥中医，拒绝将中医纳入教育系统的政策，先生联合山西中医改进研究会附属山西医学传习所杨如候（名百诚）、赵意空二先进并亲笔撰状据理抗争。

20世纪20年代，笔者先严饶乡石旅鄂，就读于武昌省立法科大学，每逢佳节先生辄家中款待，课余先严常诣门请安，间亦随先生侍诊。先生劳心谆谆，教诲先严承续家学，以寿世保元。嗣后，先严由中医票友进而专致中医，盖始于此。

1926年10月，北伐军连克汀泗桥、贺胜桥，攻下武汉三镇，先生在医寓门前设下茶水、粽子慰劳国民革命军北伐将士。

1929年2月23—26日，南京政府卫生部召开第一届中央卫生委员会议，会议讨论了有关废止中医药的提案共四项，分别是：1.中字第十四号提案《废止旧医以扫除医事卫生之障碍案》；2.生字第二十二号提案《统一医士登录方法》；3.生字第三十六号提案《制定中医登记年限》；4.生字第四十二号提案《拟请规定限制中医生及中药材之办法案》。会议在中医缺席的情况下议决将上述四项提案合并为《规定旧医登记案原则》，委托卫生部施行。一个践踏传统、荼毒国粹、罔顾生民的决议如此草率通过并强制颁行。消息传来，激起全国中医药界及社会各界有识之士的极大愤慨和强烈反对，舆论大哗。从延续中华文脉，护佑天下苍生目的出发，先生奋起，毅然率武汉中医名流组成请愿团赴南京抗争，同时在报上激扬文字，批驳余云岫《灵素商兑》，并与张锡纯君形成南北大联盟，遥相呼应。平、津、汉、宁、沪中医界一致抗争，社会各界竞相支援，政界有识之士仗义执言，一时蔚为风潮。林森讲，此为国民政府奠都南京以来，第一件引起全国反对的大案件。最后国民政府批准请愿呈文，分饬各部，将前所布告与法令，一律撤销。是役以中医取胜而告终。

1929年起，先生历任汉口卫生局考试中医委员会委员、湖北省鉴定中医委员会委员、中央国医馆湖北分馆第四届馆长，中央国医馆医务处长。

张锡纯君，中医泰斗，独心折先生，誉为国手。尝曰："真能改造国医者，冉公一人而已。"1933年，张锡纯君病危时谆谆相嘱尚未出师的弟子张方舆、孙静明、李宝和："生等如欲深造，此老（冉雪峰）可师也。"从此以通信方式向冉老拜师，先生授业、传道、解惑，视出一门，尽心尽责，传为杏坛佳话。

五、赴国难身先士卒，寇焰疾不坠其志

1937年抗战军兴，先生放弃丰厚的门诊收入，捐出多年积蓄，组织"湖北国医药界战地后方服务团"并任团长。下半年，中央国医馆馆长焦易堂因战事日炽，将原过京难民诊疗所扩充为中医救护院，聘请于右任、孙科、陈立夫等为董事。南京陷落，医院迁至武汉，加聘冉雪峰为中医救护院副院长。百忙中，先生夜工十日，撰编《新定救护方药注释》，其序云："当此国家存亡、民族生存最后关头之际，百忙之余，夜工十日，编成此册……供后方医院临时救伤治疗所救护队之用。"书中公开了不少先生父尊掌管曾国藩湘军（鲍超部）医务时的军藏单秘验方。先生还自费办厂生产成药，供应后方医院临时救伤所救护队，支援抗战。先生当时动情地说："今老矣，未能效命前方，执干戈以卫社稷，唯向荆棘丛中，葛藤棘里，以末技作涓滴之贡献。"国难当头，先生表现出的民族大义，可歌可泣。

1938年武汉沦陷，先生"避国难，入川山居（四川万县董家岩）十年，手不释卷，著述逾百万言"。《国防中医学》《大同药物学》《大同生理学》《大同方剂学》《辨证中风问题之解决》等先生大多著作，在烽火遍地的抗战期间完成。此期间，先生亲手制备人体骨骼标本，绘制人体解剖彩图。

大同，源于《礼运·大同》，是儒家追求的最高境界。医学大同是先生追求的最高境界。先生难能可贵的是作为一介儒生、老中医，学术上既追溯所自，又瞄准跟踪西学流变轨迹，与日竞进。中西各美其美，人美我用，我主人随，中医太和是先生的主

张。其时，日机侵逼，流亡生活动荡不安，先生为保存国故，发扬国粹，风雨零而不辍笔耕，寇焰疾而不渝其志，令后学感佩不已。李重人先生《访冉雪峰董家岩即席口占》：辄生亦有名山业，他日执经待细议。纪其实也。

除深研医径，先生还情系桑梓，资助家乡教育。抗战初期，沦陷区学校内迁，途经巫山，因长途跋涉，时有课桌及部分教学仪器留下，教师亦间有留驻巫山者。其时，巫山教育封闭落后，尚无中学教育，县府回应社会民众的吁请，拟创办一所中学，筹备委员会多方筹资。先生闻讯后，慷慨解囊，捐出现洋1.6万元，占建校总经费的八分之一。巫山县立初级中学建成行课后，尚欠部分款项，最后由"冉雪峰先生所捐东城外房屋一院，觅主出售，以资弥补"（巫山档案馆档案资料）。

1938年底，先生任四川省万县中医初审委员会常务委员，并拟创办中医学校，已邀李重人、龚去非为教师，终因日机轰炸未遂。在董家岩住约5年后，先生迁往万县关门石及电报路悬壶。

1946年，先生迁回武汉，悬壶汉口水塔下首肇元里一号。1987年夏，笔者在武汉就"冉雪峰生平及学术思想研究"课题调研，曾两次前往探访、拜谒，寓所依旧，哲人已逝，唏嘘不已。

1949年，先生迁往四川重庆，先后在中华路、民国路悬壶。处方签字样："国医冉雪峰处方签，传子冉筱峰侍诊、民国路250号。"其间，著有《冉氏医学丛书·方剂学》6卷，约50万字，由京华出版社2004年出版发行的《冉雪峰医著全集》中以《冉氏方剂学》命名。冉先德教授在导读中不无遗憾地讲："原稿卷一佚失，今从《历代名医良方注释》辑出。原稿每章之后，有一总按，阐述章法奥义，对比各方鉴别应用……卷一第一章发汗剂、第二章催吐剂，皆阙总按。为保存先父原著特色，未敢补遗，以免狗尾续貂之过。"笔者收藏有《冉氏方剂学》原稿油印件，经比较互勘，2004年版除了阙失发汗剂、催吐剂总按两篇外，第一章发汗剂尚阙第四方麻黄杏仁甘草石膏汤、第五方麻黄附子甘草汤、第六方麻黄附子细辛汤、第十五方麻黄散、第二十四方麻黄芍药人参甘草汤。原稿（油印件）卷一第一编为方剂学总论，共十章。第一章，方剂起源及变迁；第二章，方之组织及纲要；第三章，方之种类及适应；第四章，方之互通及界畔；第五章，方之适用及加减；第六章，方之编辑及目的；第七章，方之应注意要件；第八章，历代方剂之发明；第九章，中西方剂之比较；第十章，方剂今后之展望。方剂学总论十章为方剂学全书之总纲则例，突出重心，紧握枢要。该作是先生研究治法和方剂理论、临床应用经验的结晶，是研究中医方剂理论的重要文献，俟再版时当补苴弥缝。

六、刳肝为纸沥血辞，千秋大业济世长

1950年5月29日，重庆市成立卫生工作者协会，先生任编辑委员会委员。同年，川东行署召开全省卫生工作会议，时任巫山卫生工作者协会主席、笔者先严饶乡石与会。冉小峰衔父命到宾馆相邀，先生设宴款待，同桌有李重人先生（曾任卫生部中医顾问），席间勉励有加。

1955年，先生任中国人民政治协商会议重庆市第一届委员会委员、西南卫生部重庆中医进修学校校长（副校长胡光慈、教务长任应秋、教师沈仲圭、王继云等，集杏林一时之盛）。先生主讲《黄帝内经》，所编《内经讲义》以内部印刷的形式作为该

校教材。

据中医药科学院中国医史文献研究所肖永芝教授文章载，20世纪50年代"最初几年，并没有从根本上改变中医受排挤的状况"。1954年夏，毛泽东主席在讲话中指出"祖国医学遗产若干年来，不仅未被发扬，反而受到轻视与排斥，对中央关于团结中西医的指示未贯彻，中西医的真正团结还没有解决，这是错误的，这个问题一定要解决，错误一定要纠正"。同年，毛泽东主席作出了"即时成立中医研究机构，罗致好的中医进行研究，派好的西医学习中医，共同参加研究工作"的重要指示，并在中央文委党组《关于改进中医工作问题给中央的报告》中提出，要在1955年上半年内成立中医研究院。1954年9月，卫生部派鲁之俊、朱琏、何介民负责筹备成立中医研究院。1955年1月，在周恩来总理亲自过问下，卫生部组织中医研究院筹备处具体运作，陆续从京外聘请了32名全国首屈一指的名老中医，先生奉调进京。1955年12月，中医研究院成立，一时之间，大医云集，中医研究院从起步就占据了全国中医领域的制高点。先生出任中医研究院学术委员会副主任兼高干外宾治疗室主任。先生还先后担任中国人民政治协商会议全国委员会第二届、第三届委员。

先生曾在政协会议上感叹："济济一堂，协商国家大事，曷胜荣幸！"其时，缘于政府倡导，西学中方兴未艾。先生在会上发言，强调"西医学习中医要从学术根本上着眼……不仅懂些中医基本学识，要全懂中医深奥学论，并懂得真精神……然默察一般学习态度思想，多在一药一方一病上用力，希冀积累起来蔚为大观"。先生还谆谆告诫与会者："这个固然很实在，但是局部的，不是整体的，是死板的，不是灵活的。各部分学习的西医都是学业上有成或已成名的学者，何必安这个小就，且这个于中西医学术真正化合上是起不了好大作用的。必须双方求到学理的最深层，从根本上解决。由矛盾求出真理，真理归结会通，由会通再起一个化合。吾人为学关键在此，中西化合关键在此！"先生语重心长地道出真知灼见，实系中西医互学融合的精神骨髓所在。迄今，洪钟大吕振聋发聩，玉振金声余韵不绝。

1957年，著名中医学家岳美中教授有感于先生道德文章和仁民济世之心，特赋诗相赠：

赠冉雪峰老大夫诗

百代医编归朗鉴，千秋大业启珍藏；
席登政协仪容古，会集耆英岁月长。
药式咸钦张易老，医班尽拜鲁灵光；
春明自昔传经地，学问追随愿共商。

为了1959年元旦的献礼，先生以八十高龄，举一月之力，写成《八法效方举隅》。清代程钟龄在《医学心悟》中将治法总结为汗、吐、下、和、温、清、消、补八法。先生八法，去消法而纳入宣法，强调宣可去壅，人体一部分郁滞，则其他部分牵制不舒，宣然后能和。同年10月，《冉雪峰医案》出版，计内外妇儿医案七十一篇，记载了先生运用《内经》理论分析病情，融会伤寒学及后世温病学的学术经验。

先生七十八岁高龄开始撰写《冉注伤寒论》（原名《伤寒论集注总诠》）。1959年2月24日，先生在研究院门口不慎跌仆，4月2日住进北京人民医院治疗。住院期间，先生带病出席政协会议两次。

在全国政协会议上，先生两次在大会发言，"个人在实践中深刻地体会到中医在治疗疾病确有其特殊的地方，学术范围广阔。要把中医学术整理提高，不仅是中国人民的一件大事，对世界人民也是有贡献的"，"要将中医学术简括精当地交给西医……此时若交得不好，失却古人精意，致令中医学受到损失，那就愧对古人、愧对自己"，"中医学术基质须由中医自身解决，若偏恃其他一方尚有些隔阂做不到……在学理上必尚有一番剧烈的辩争"。

先生暮年，壮心不已，穷其一生，孜孜追求、反复阐扬、坚守顾护、躬身履践的"古人精意""学术根本""中医深奥学理""精神"即中医文化学术的精华、本源，先生谓之"基质""义理"，乃"守正"之枢要。身处五千年来未有之大变局，先生"自反而缩，虽千万人，吾往矣"。先生在著述、授课、会议发言中，高扬中医文化学术之蠹，揭橥中医文化学术精义："盖中医是讲天人合一，究人与天地所以共同生。人生天地间，与天地息息相通，天地变化，人身也必起变化"，"人在宇宙中，受宇宙大自然规律所支配，故就宇宙自然（社会）探寻出种种疾病的来源，又从这个来源寻出种种治疗及种种预防方法。其讲生理，是讲生的，不是讲死的；讲病理，是讲整个的，不是讲局部的；讲环境，是讲联系的，不是讲孤立的。进一步提絜天地，把握阴阳，逆从四时，浮沉万物"。这个"带哲学色彩太浓、形而上的东西"，是中华文明对人类文明原创性的贡献，是"古代文化遗产紧要部分"，中医文化学术"独立的精神，自由的思想，历千万祀，与天壤而同久，共三光而永光"。

在政协会上，先生还递交了提案。

1959年4月22日，先生在写给次女先昭的信中写道："预备月底出院，回研究院宿舍，半休息，半编著，希望再活二三年，未编竣者续成，已成者整理，留作后人参考，冀可为将来中西医化合,在学理上作一环的补助。"

唐代文学家韩愈诗云:"刳肝以为纸,沥血以书辞",先生之谓也。先生将中医文化学术内化为生命,为中医文化学术传承、创新发展呕心沥血,鞠躬尽瘁,直教天地惊鬼神泣。

同年11月,先生正伏案著书,突发脑梗死,被迫封笔。惜乎《冉注伤寒论》未及竣稿,此不唯先生之憾,更是中医学术的一大损失。所幸"微言大义所在,学者当猛参一下。全书均作如是观,方不负作者苦心,方可得全书精意"。该书经冉小峰主任、冉先德教授整理,忠实于原著风格,未作太多修润,于1982年由科技文献出版社出版。原卫生部长钱信忠亲笔作序,全国佛教协会主席赵朴初题写书名。同时整理出版的还有先生作品《中风临证选注》。

病中,泽被乡里。巫山印刷厂排字工王师傅之妻曹氏生病,因曹祖籍大溪乡曹家沱,1960年初,王以乡党身份致函先生求治。先生于病中回信,向王推荐笔者先严饶乡石诊治,时先父身在囹圄。次年,先父获释,王携妻就诊,出示先生信函,先父读罢默然。良久,老泪潸然,仰首慨然曰:"知我者,冉老伯也。"

先生虽经专家治疗小组和特别护理小组长达三年多的精心治疗、护理,终因年事已高,不幸于1963年1月29日因脑梗死病逝。

大师远去无大师,我为斯民哭岐黄。

一代儒医耿介庭在《挽冉雪峰先生》中道:"斯疾凉阴也,三年未一言。伯牛终不起,扁鹊亦难痊。著述篇章富,门墙桃李繁。有儿娴本草,家学见渊源。"

冉雪峰先生治丧委员会主任委员:郭子化,委员:徐远北、钱信忠、郭子化、徐冰、车敏樵、鲁之俊、李挺、戴谦、王发武、吕炳奎、熊克武、蒲辅周、施今墨、黄家驷、张孝骞、王文鼎、秦伯未、杨树千。

1963年2月6日《健康报》报道：首都医疗卫生界于1963年2月4日上午举行公祭。灵堂里摆放着中国人民政治协商会议全国委员会和首都医药界、卫生界以及冉老生前友好敬送的花圈和挽联。周恩来总理也敬送了花圈。

公祭由卫生部郭子化副部长主祭，卫生部徐远北副部长、中国人民政治协商会议全国委员会副秘书长易礼容、辛志超等陪祭。中医研究院李挺副院长致悼词。

公祭仪式后，移灵八宝山公墓。

七、仁心仁术垂师范，但开风气惠苍生

先生阅历丰富，学识渊博，一生手不释卷。深于文史，湛于易学，长于医学，邃以《内难》本经，精于伤寒温病，卓于临床，但平易近人，虚怀若谷，从未以"大医"自居，常自诲诲人曰："况中人以下天资，能不勤奋读书乎！即有一得，切不可傲人，须知千室之邑，必有忠信；十步之内，必有芳草。吾生平不敢以学问骄人，因胸中学识菲薄耳。"

先生历来主张理论与实践相结合，称脱离实践的空头理论家为"伪医"，没有理论修养的为"医匠"，常教导后学者："医学一道，既不能离开书本，也不能专靠书本，既要凭些经验阅历，也要懂得经籍要义。"强调理解与事实两两兼顾，"前此有些学者，嫉弃中医，但从事中药研究，讵提制出的药物，半数均不合实用，犯了义理不结合事实的弊病，离脱中医实际，离脱中医理解"。不读书不足以明理，徒读书不足以临证；不读书不知全局，

不临证不知变化。信乎！

先生乃跨学科，打通文史哲医的大师，为学渊懿博大，冶哲学科学于一炉。讲天道，归结到人事；讲哲学，归结到科学，由博返约，以繁纳虚，返虚入浑，以虚证实，执简驭繁，提出"凡百学术，不能舍却事实，单谈义理；亦不能舍却义理，单谈经验""以事实证明理解，以理解归结事实"，将空虚的变为事实，哲学的变为科学。

先生提出"伤寒原理可用于温病，温病治法可通于伤寒"，此说三见于文献，一见于《冉雪峰医案》汉口吕某之子战汗案，二见于中医研究院学术秘书处《冉雪峰医案》前言，三见于陈可冀院士回忆文章中，足以证明该论乃先生学术思想之硬核、一生为学之结晶，既可平息寒温统一论与寒温分殊论学术之讼，又明确了伤寒原理与温病治法的关系。原理与治法，认识论与方法论的关系，道与术的关系，源与流的关系。伤寒以六经钤百病，立足点在突出伤寒原理的指导价值，为启悟的捷径，不易的大法。先生对温病辛凉清透、甘寒润液、柔润息风、清轻透络、芳香宣窍诸法，推崇备至，誉为"轻灵妙婉"，临床所习用。

先生由衷拥护"双百"方针，践履"于医并无派别，于人并无意气，只为学理所关，不能不言，不敢不言"。在众皆嚅嗫，忧谗畏讥，即有真知灼见之士，亦不敢着笔深谈之际，先生以中医文化学术前途盛衰兴亡为主旨发声。将"舍却本经伤寒及内经"的作法，喻为煮鹤焚琴，自毁长城。"既去内经，何须中医；不去中医，何必去内经"，其情其景慨当以慷。

先生主张中西化合，认为关键在求到学理的最深层，"由兼通再起一个化合作用，变为会通，不是在末节形式上会通，是在根本上，精神上会通，再三强调不能'截断古圣哲深邃的学理'"。在《冉氏本草》自序中开宗明义"中学以最古的为优，西学以最新的为优"，"欲于最古的，求出最新的。以最新的，证明最古的。阐扬国粹，输灌新知，衷中参西，继往开来"。先生致敬"中医独立特点的精神"，"自隆古以迄今代，中国只有中医。虽历代以来，均有其他学说，影响中医，亦只融纳于中医学理之中，中医并非与之从化"，援西入中，化西为中，我主人随，先生乃卓尔不群的守望者，中医文化学术托命之人。

先生怀古仁人之心，教诲后学"士先器而后文章，医先品德而后学问。若挟一技，乘人之危，索取重资，高车驷马，抬高身价，不能悯恤同胞疾苦，失掉民胞物与之心。况医，仁术也，不能行仁，何用为医。古人曰，熟品方能励学，修德才可行仁"。先生一代大医，从未挟技乘危，对待贫苦患者，免费，赠药；先生深明大义，国难当头，毁家纾难。医德崇高，令人景仰。

1955年，先生以76岁高龄给中医研究院首届中学西、西学中讲学授课。在"互相亲爱气氛中"，就"中医学习必要的方法及应具的观点"提出要求，"不要贪便宜，凡百学问，须从艰苦磨炼中来。容易随便得来的，体会必欠精透。不要域卑浅，什么汤头歌，药性赋，万病回春，活法机要，看似容易，用又简便，误入蚕丛，就终身由之而不得其道了。不要循末节，病的转变无穷，药的适应亦无穷，决不能局限于一个式。若拘拘于某病有某种特效方，某方为某种特效药，休说必生差错，即令不错，支支节节，于真正学术是无大裨益的。不要钻名词，古人文字有古义的、有互通的、有假借的，须要寻旨，归识大体，不以文害词，不以词害意，通其所可通，关其所当关，庶为得之"。先生老臣谋国、高瞻远瞩之言，期以远大，既是寄语，更是寄托，旨在先代优秀文化遗产光永有耀。

先生热心中医教育，兴学校，带门徒，桃李天下。其中有：熊济川，著名中医学家，儿科圣手，武汉市中医院副院长。宧世安，先生传人及门婿，重庆市中医学会第一、二、三、四届会长。抗战时旅居重庆，热情为时八路军办事处、新华日报社同志服务。龚去非，全国名老中医、主任中医师，万县地区医院中医科主任，1951年与李重人合作，创办万县市第一联合诊所兼任所长，著有《医笔谈》。陈可冀，先生关门弟子，中国中医科学院首席研究员、中国科学院院士、中央保健委员会专家小组副组长，中国中西医结合研究会会长，心脑血管领域领军人物。郭世魁，著名中西医结合内科、心脑血管科专家，中医研究院西苑医院心血管病研究室主任，1956年师从先生；成功研制冠心2号、宽胸丸、宽胸气雾剂。冉小峰，先生传人，第五届国家药典委员，教授，华佗再造丸等方剂的发明人。冉先德，先生传人，中医研究院广安门医院主任，教授，著有《校注本草纲目》，与钟爱中医药事业的卫生部长崔月犁等合作编撰《中华药海》。该书载药8488种，内容丰富、规范，科学性强，既具临床实用性，又具收藏价值。天津名医张方舆、孙静明、李宝和，湖北名医汤辅康等，皆为医界翘楚，岐黄干城。其余众多高足，散布全国各地，躬耕医坛，蔚为有独特学术风格的冉派医学。

2003年，时值先生逝世40周年纪念，由传子冉先德，率门下高足，合数十人之力，费时三年有余，将先生的全部遗著加以整理，精心订正，仔细校对，完成《冉雪峰医著全集》，计十二种：《冉氏易理》《冉氏内经举要》《冉氏伤寒论》《冉氏本草》《冉氏方剂学》《冉氏温病鼠疫合篇》《冉氏霍乱与痧证治要》《冉氏麻疹之商榷》《冉氏伤科效方》《冉氏八法效方举隅》《冉氏中风方论》《冉氏医话医案》，约300万言，由北京京华出版社出版，公之于世。先生平生诣力，可窥涯略。先生仁仁，当可告慰，先生之学，得以薪传。名山事业，普惠苍生。岐黄奥理存冉著，化作甘露洒大千。人生有大愿力而后有大建树，先生素抱济世活人之大愿力，不为良相，便为良医，诚哉斯言！

第二章 明天理之根源 究万物之始终

一、易以天地准，不落空虚

《周易》为中华传统之文化元典，群经之滥觞，岐黄之源头活水。中国传统文化的主流从《周易》涌出：溥博渊泉，而时出之。溥博如天，渊泉如渊。医易相通，古人云：不知易，不可为医。《冉注伤寒论》第253条："诠释微奥学理，不着一字，唯将原文复演一通，精义即跃跃显出。唯易系辞有此境诣。"清末民初，先生两度因国事系狱，高墙之内，置生死于度外，"籍险难为修身之物"，动忍增益，光大德业，先后撰述了《冉氏易理》，《蒙难读易笔记》。先生读易、研易、讲易、履易，尊崇孔子而博采古今中西，抒意立言，自成一家。因判极刑，时日苦短，六十四卦难求全达，仅将极深研几之心得辑成，即乾、坤、屯、蒙、需、讼、师、比、小畜、履、泰、否、同人、大有、谦、豫、随、蛊共十八卦，虽不足六十四卦之三分之一，但对易学精髓的把握、领悟，足以涵盖整体。学者苟能循此旁通，层层推广，演绎曼衍，致广大，尽精微，定能登堂而入羲皇之室。

1988年，75位诺贝尔奖获得者共聚巴黎，发表宣言：人类要在21世纪生存下去，必须回首两千五百年前，到孔子那里寻找智慧。1949年德国哲学家雅斯贝尔斯提出一个概念，认为公元前800年至公元前200年，是人类文明的"轴心时代"。这一时期在不同古文明地域，出现了一大批充满终极关怀的精神导师。比如古希腊的苏格拉底、柏拉图、亚里士多德，古希伯来犹太教的先知们，古印度的释迦牟尼，中国的老子、孔子，他们的理性光芒、道德火焰，对人类自身价值的思考，超越时空，至今照耀着人类。国学大儒汤一介先生提出，人类文化正在进入或者即将进入一个"新轴心时代"的哲学命题，以儒释道为代表的中华传统文化历千百年而隽永弥新，即将在世界文明进程中扮演更为重要的角色。回望5000年中华文明，思考"新轴心时代"的文化使命，找回中华文明的根与魂，是我们需要认真思考并切实履践的问题。一代儒学宗师柳诒徵《中国文化史》对孔子的评价："自孔子以前数千年文化，赖孔子而传；自孔子以后数千年之文化，赖孔子而开。元代有：先孔子而圣者，非孔子无以明；后孔子而圣者，非孔子无以法。"现代大儒梁漱溟先生曾说："孔子以前的中国文化，差不多都收在孔子手里，孔子以后的中国文化，又差不多都从孔子那里出来。"对中国文化的影响细密绵长，渗入到国人生命的最深处。

春秋诸子蜂起，理性文化逐渐与卜筮文化分离，易学掀开卜筮神秘的盖头，渐行渐入哲理化，被赋予了思想内涵和价值取向。孔子为代表的儒家学派在《周易》性质嬗变、升华的过程中发挥了砥柱中流的作用，不仅在赓续不绝，更为重要的是使其性质步入天人之际。先生反复强调、一再阐明"孔子释易，原重人事。易与天地准，不落空虚。冒天下之道，开物成务，又必见诸事功"。《周易》是仰观天文、俯察地理，贯通天地、物理、人事的大智慧结晶，是一种宇宙观和方法论，用以看待大千宇宙、人文世界乃至人类心智灵魂的种种事物和现象；是对客观世界的抽象概括，又可据以把握客观世界的方法论，是表明主体与现象相互涵蕴的形而上学，是指导思想和行为的实践论。对"后人捉空捣虚，沦为小道，妄推灾祥，侈谈休咎，下类占角望气，谶纬数术之流"，持严正批判态度、立场。对"后儒不以明理为趋吉避凶之本，直求之枯草死介之中，不卜之人而卜之物，不卜之己而卜之神"，斥之为自欺欺人。先生易理，高扬"体天可以明德，明德可以达天"理性旗帜，推崇天道人伦，以人合天，持身经世。钱穆晚年认定"天人合一"观是整个中国传统文化之归宿处，这一思想命题的落实，需要经由个人修养的实践、社会治理的实践和人类参与自然生成过程的实践等多种途径。"天人合一"命题既具有精神境界意义，也蕴含了古人对社会秩序和自然伦理的诉求。先生自幼涵濡儒学传统，精神高扬儒学义蕴，汲汲致思于孔易发展，身体力行孔易价值。百年前，先生一代适当中华民族面临生死存亡之际，自然而然会激越地谋求突显中华文明的精神价值、强调中华传统文化的尊严、阐明中华传统文化自己根源与立足点。

哲学家任继愈认为，"中医哲学研究的对象是中医的本源问题，也就是生命的本质问题"，并通过探讨生命的终极问题来"究天人之际，探阴阳之赜"。孔子"恐后学之拘于象爻，以易为卜筮之书，而不明卦之真体实用也，故作大象发明用易之法，以昭示来兹。凡修德临民，致物利用，咸在于此"。未有卦之先，而象之理已昭，既有卦之后，而理之象益著。有其象有其理，有其理有其事。《易传·系辞下》"天垂象，见吉凶，圣人象之"。

释易有天道、人事之殊，然先生主张读易当活泼泼的，理象气数，消息盈虚，元亨利贞四字尽矣。文象浑浑沦沦，不可隔断天人，强分理数，强著行迹。阴阳之道，最忌隔阂，不变不化，即成死阴阳；健运不息，则一片化机，化机鼓荡，一片神行。

彖曰："大哉乾元，万物资始。"先生认为："资始之先，不名物也。资始之际，亦未成物也。以气言，不以形言。物之成形，皆阴阳和合，地代有终也。天可统地，故言天必藉物以明之。元可统天，故释元必先以大赞之。究之天无可名，距地太远，无空气则无声，无形质则无臭。""天地之道，可一言而尽也。其为物不贰，两仪未判，无上无下，无左无右，不过一气而已也。""形体既分，贵贱斯位，然交接之间，仍是一气。"无名、无气、无声、无形、无质、无臭、无上、无下、无左、无右、大休大息。先生于虚处看出实来，柔处看出刚来，于化源交换抉出髓汁来。

二、阴阳不过是个气，器物赋了成形

哲学思维就是从具体的事物中抽象出概念来。《红楼梦》讲，阴阳不过是个气，器物赋了成形。阴阳就是极具抽象化的概念，看不见，摸不着，无影无踪的，也正因为它抽象、概括，才能包容万物。

先生认为：化工不言工，灵虚广汉，原无容心于物，不过气而已。气为水所化，水不自化，必天阳下交乃化。嘘气成云，即水化为气之义。嘘气成云的过程，即天阳下交化水为气的过程。嘘气成云的能源，即天阳的功用。震一阳生二阴之下象龙，亦此意也。一"龙"字将天道化生之源及其所以然之本性，尽情绘出，而不可亢之意，亦在其中。天下形形色色，怪怪奇奇，无不由天阳所嘘植。"天阳"无异于造物主之别名，天地万类之第一推动力。一"嘘"字，将天运周流不息，阴阳和合，云行雨施，万有品类流变而成亦尽情绘出矣。宇宙是无中生有出来的，天地原来是一片混沌，一片虚无，冥冥之中有一个力量把宇宙万物创造出来，并控制着宇宙万物。一生二、二生三、三生万物、万物负阴而抱阳，冲气以为和，即阴阳规律、宇宙秩序与本质、本然自生的特征。中国没有至高无上的造物主上帝，中国人认为世界是本然自生的宇宙。宇宙生成是一个有机的过程，宇宙各部分都从属于一个有机的整体，都参与到这个本然自生的相互作用之中。无论生物、植物、动物、人类和灵魂统统在宇宙洪流中息息相关乃至互相交融,连续的生生不息的生机自然。中国人始终聚焦于生命哲学本身,不向外追求第一原因和最终本质等抽象答案,不向超越的、外在的上帝观念致思。中国文化和哲学一直重功能大于重实际,这是个天才卓颖的观念。周敦颐《太极图说》"无极而生太极,太极动而生阳,动极而静,静极复动,一动一静,互为其根。分阴分阳,两仪立焉"。"无极而太极","无极"本身就是"太极",哲学大师黑格尔逻辑学里面最早的两个概念就是 Nichts 和 Sein, Nichts 用英文来讲就是 Nothing, Sein 就是 Being。Nichts 就是空无, Sein 就是存有、万有,正命题 Nichts 引出逆命题 Sein,两者得出第一个综合命题叫 Werden, 英文就是 Becoming, 就是变化,"无极而太极"讲的也是变化。用黑格尔的话说,毫无特定属性的空无其实本身就是万有,两者是对立统一的,把两者统一起来,那就是变化。人在天地之间,效法天地,随着阴阳二气的屈伸、往来、消息、盈虚、调整生命的节律,体现天人合一。对世间万物的认识从哲学上讲是非常重要的"体知"问题,"体"的含义异常丰富,有体验、体会、体察、体证、体悟。先生善"体知"者也,纯乎天理之极,大觉大悟。

先生认为:天阳作用下,水化气上行为云,气变化水而下降为雨,云行雨施,品物流行。天为阳气,云为阴气,云上于天,二气磅礴,相互搏力,阳为阴抑,薄激成声为雷。阳动于下,阴聚于上,而雷之象著。天地无雷则化机阻隔时,无由速其活泼,唯霹雳一声,阴霾消,阳机畅,阴阳合和,沛然下雨,而后乾坤静穆,显出一番新气象。无形生有形、有形生无形。天无形也,而生有形之水、有形之火。水火,有形也,而体质化灭,原素复还于太虚。要之,不在形迹,而在气化,且不在气化,而在气化之根源。盖水火本一源，天人本一贯，凡此皆从学理根源处抉出汁髓也。上下同流，天地同德，万物同体，同而不同，不同而同，物物化化，依伏不已。君子体天之功，观于云雷之故，而知阴阳之神化。燮理阴阳，参赞天地，全在此处体会。观天地之和，即知人之所以和；以天地和之本，知人之所以和之本，培吾身之道义，造斯世之康乐，人与天地一而已。

上爻为天，下爻为地，中爻为人。天覆地载物数号万，莫贵于人。人为三才之一，上之先天地立极，次之与天地合德，下之安天地自然义命。修、齐、治、平，内圣而外王，张扬出"以天下为己任"的经世之风，以先觉觉后觉，务当世之务，斡旋乾坤，利济苍生。先生释易、用易，忧天悯人，匡时济民，秉持践履持身修己、处世治世的入世哲学。

三、知变知化，唯变所适

天德洋溢，随处皆道。先生深得用易之道，主张知变知化，唯变所适，所以适变。亢龙有悔，物物而不物于物，潜龙勿用，用九而不为九所用。先生认为，过刚则折，六爻均不可与时偕极。放荡礼法，潜中之亢也。坚信境不得而穷，愈穷愈达；时不得而困，愈困愈亨。可常可变，可经可权。主张乐行忧违，为修德之极则；知至至之、知终终之，为明道之极功。乾卦·九三曰"君子终日乾乾，夕惕若厉，无咎"，终日乾乾而惕，虽危无咎。"知至至之，可与几也。知终终之，可与存义也。""知至"即知道事物进一步的发展趋势，"几"即事物变化的苗头、吉凶的先兆。作为一个发扬自强不息精神的君子应该具有全局意识、前瞻意识、见微知著、未雨绸缪，把握先兆，事先作好从容应对之策。"知终"即知道事物发展的最终结果乃客观之必然。顺应规律把事物安排得恰到好处，各得其所宜，即是"存义"了。惠迪吉、从逆凶。屈于一时者，伸于万世。誉之祸大于咎，咎则恐惧修省，誉而恐惧修省盖寡矣。才略皆祸患之媒，文字干鬼神之忌，近誉故也，无咎易，无誉难。遵循知黑守白则天则见，知白守黑则地道光。作事谋始，在于未讼之先，不在已讼之后。人有礼则安，无礼则危。极盛处衰即伏，泰之不可恃。可以荣我者，即可以辱我者。不视禄为荣之端，且视禄为难之数。取用世主义，不取弃世主义。时局否塞日，正君子干济时。认定天下之最误人者，莫过于有所恃。恃则易心生，易心生斯败机伏。其所恃者，即其所败者乎。不恃其有，乃可常有；唯不恃大，乃可保大。木不修林，风何以绕；堆不出流，湍何以激。器满则倾，物极必反。君子以谦胜之，各随其位时而定，以曲尽其谦之用。卑陋谄谀，求之声音笑貌，以此足恭荣悦为谦，非君子之所谓谦矣。生于忧患，死于安乐。矜持不得，稍纵不可。骤富贵不群，丧德败名杀身，皆傥来之物。无端之利，庸人视之而色喜，君子值之而心惊。物不极不返，乱不极不治。死机即是生处，化机原未尝息止。振也育也，顺阖辟之机缄，中动静之奥窍。

医人医国医天地，是先生一生的追求与行谊。一百多年前的中国社会身处数千年未有之大变局，先生以敏锐的世界眼光学习新思想，接受新价值，主动顺应浩浩荡荡的世界潮流。"欧美各法制国三权鼎立，而司法立法居其二，……人类进化，世界大同之学说，……最后解决，不能不借讼以资救济。……此平讼所以为宰世大权也。虽然恩竭则慢，法竭则叛，用法者固当别有精神在也。哀矜勿喜，亦不可不有孚窒惕也。""人有礼则安，无礼则危。国有礼则治，无礼则乱。礼者，持身经世之大法，政教刑赏，均在其内。""方今欧美法制国，无不制为良美宪法，以为全国上下之标准。合箕风毕雨之传，欲划一而纳入轨物，则必树之鹄而示之的……不法法，则事无常；法不法，则令不行。上天下泽，各有体质，各有功用。辨上下，非徒责之下也。定民志，非徒责之民也。制礼者尤不可不得其平也。""（屯）卦象草昧未启，险难在前，如哥伦布以探险队开辟美洲，其象正合。且华盛顿倡议民主，亦正合震以初为正位，本卦以初为利建侯之旨。""为天下战，不为一人战""，"君子关于民众从违，而胜负之数以决""不居上而居下者，明示顺从民意，不处逸而处险者，明示身先士卒""天下未有理不正，而能鼓民之勇者"，先生慧识，从民族主义者向民主主义者华丽转身，融入世界文明的进程，体现出孟德斯鸠《论法的精神》主旨。将先生的思想放回到历史语境来阐释其在自由理念与民主宪政观念之间的巨大张力和解决之道，具有独到的洞察力和思想深度。

回眸百年前袁世凯洪宪闹剧时，"民国不如大清，帝制优于共和"甚嚣尘上，复辟暗流涌动。先生一贯践行既论道又起而反对皇权专制，以民主共和开国元勋的身份，高举反袁义旗，二度入狱。以义赴难，视死如归，坚信"世界进化，欲定于一尊，拂人之性，灾必逮身。此九五大贞之所以凶也。……天下原无二理，古今只有一道。故中外学理事实，数千年若合符节。苟昧于知几，窃据九五，则在下之君子动矣，大得民矣，迅雷不及掩耳矣，陷于险而不可救矣"。写下这段文字时，先生尚在狱中，袁世凯尚在粉墨登场之中，此乃振聋发聩之讨袁檄文。睿智的历史目光、一往无前的担当，先生领先了时代一个世纪！

"杀身成仁，何尝不是险。打破生死关则行果，勘透义利界则德育。故君子知止有定，我育我德，物不得而蔽。我果我行，境不得而阻。源泉混混，不舍昼夜，上下同流，化机不息，坎难困陑之场，何尝非修德励行之具哉。"先生一代所秉持的道义、精神，渐行渐远，文化学术何以托举使命，家国情怀何以承接担当。

行文至此，笔者耳畔响起北岛著名的诗句：我并不是英雄/在没有英雄的年代里/我只想做一个人。我只能选择天空/绝不跪在地上/以显得刽子手们的高大/好阻挡那自由的风。"天降大常，以理人伦"，先生是能够"与天地同其德"的"大写的人"。先生之大，大在学识、大在德行，更大在精神、风骨。怀念先生，旨在纪念其历史功勋，但更多是致敬先生"苟利国家生死以，岂因祸福避趋之"的家国情怀，与此同时也有一份自我期许，希望笔者及后人能传承这份精神遗产。

读易可以明心见性，乐天知命，自觉自悟，协同进化，唯变所适。《周易》是古人在感知世界的过程中形成的基于经验又超越经验的认知成果，本质上是用理性的方式思考世界和自身，包括了宇宙间一切事物的大原理。

幽明之故，原始反终，死生之说，精气为物，游魂为变，皆在一阴一阳之道中。大道至简，最能概括中国文化的图形是太极图，最能代表中国文化内涵的一组符号是八卦，最能代表中国文化的八个汉字是乾、坤、震、巽、坎、离、艮、兑。

先生认为："易三百八十四爻，不过一阴一阳。乾坤为易之门，六十四卦，不过一乾坤。……乾坤两卦，又不过乾一卦。"乾为众阳之宗，对峙者坤，其余六十二卦，莫不得乾之一体，既变又化。所赋之命殊，所受之性异，动止险悦，各具其体，悔吝吉凶，各成其用。尽物之性，致物之命，保合太和，调偏归正，一部易经，全包罗在此。

门，不是指门径，而是指根源和出处。乾卦具有开宗明义的作用，是其余卦的总纲，对于准确把握其余各卦具有"纲举目张"的特殊的统领价值。乾卦六爻皆阳，孤阳无阴，亢极必悔，六爻中均含有一"悔"字，不唯上九悔也。读易当活泼泼地，知变知化。元而亨、亨而利、利而贞。如龙之变化不测，潜、见、乾、跃、飞、亢，天德不可为首。化而裁之，谓上九无悔亦无不可也，读易者不可不如龙。乾坤为易之门，六十四卦不同，而用九用六则同。用六十四卦，一百九十二爻之九，用本卦之九。物物而不物于物，用九而不被九用，致人而不致于人，于此可得用易之道矣。六爻相杂，唯其时物。明阴阳始终之理、妙全体位时之用，乘龙御天，可得用易之实功。一阴一阳之谓道，阴阳各有变化，不变不化，则成死阴阳。变者生乎动者也，动者生生不息。阳不动则尽于乾，阴不动则尽于坤。文言"坤至柔而动也刚、至静而德方，后得主而有常，含万物而化光"，系辞"夫乾，其静也专，其动也直，是以大生焉。夫坤，其静也翕，其动也辟，是以广生焉"。凡阳皆乾，凡阴皆坤，乾坤各有静有动，阴阳之变化，乾坤之阖辟，天地之动静，经义昭然。

先生主张以经解经，率词揆方，为读易入手功夫。"明天地元亨利贞之理、达天地元亨利贞之用，妙天地元亨利贞之时。未至不敢先，不轻乾坤之身。既至不敢后，不辜云霓之望。或用或不用，或往或不往，建侯功夫，纯在元亨利贞四字上体会。"强调"六十四卦各得乾坤一体，或全体，兼得乾坤全体者，唯泰否二卦。乾坤上下，泰否相因。乾必言坤，坤必言乾……阴阳之功用，著于乾坤。乾坤之功用，显于泰否。……阳升阴降，阴既上则必下，阳既下则必上，相交之机，两不可遏。故运会之来，莫知为而为，莫知致而至。絜天地，整乾坤，造时势，其实功均在此体会""一部易经，不外一时字，非时则阳死于乾，阴死于坤……是有乾坤而无八卦，有八卦而无六十四卦矣。一卦有一卦之用，各随其位时而定。故有以正为正者，有以不正为正者，有以正为吉者，有以正为不吉者，不正为吉者，皆随也"。天地一大空间，和空间相互而形成万物活动的现象世间，那便是与空间互相对立、互相消长的时间作用。生是消的开始，息是生的转机。随者，追随、随顺、随和。顺时而动，顺时而止，知进退存亡而不失其正，随所变而适于道，随其理而非随其意。明乎随而易之道得矣。

天地有大美，法象莫大乎天地。中国人的精神信仰形式，即人道与天道相配。以配天为存在原则，一个足以识别中国为中国的文明起点。先生在书中反复论说一个被习焉不察、默而不识的自然现象：水化气上行为云，气复化水下降为雨。云昭于天，雨象即成，然云也，非雨也，变而未化，将雨未雨。将雨者，阴气已交；未雨者，阳气未化。阴阳未交，将畅未畅，将泰未泰。畅之泰之有其道，故君子奋其阳则雷发，破其阴则雷收，升其阴则云腾，化其阳则云散，气化则水行矣。天变重象，两间晦冥，非阳气上达，冲动阴气，其机捷于转瞬，间不容发，平地一声，山川重秀，天地再清。亦如世道否塞，非加一番大动作，不能驯至太平也。……世局千奇，刹那万变，配道存义，只争斯须。天地无雷，则化机阻隔时，无由速其活泼，唯霹雳一声，阴霾消，阳机畅，两间显出一番和豫气象。……和天地之阴阳者，莫如雷，和人身之性情者，莫如乐。阴阳同处太极，两仪虽判，气机仍复相通。至阴阳各造其偏，相格而不相得，而平彼往复之气，又不可一日或息。孤亢之处求和，严凝之处求化，塞而通之，窒而亨之。其极必至于战，战则不同德而同仇，其血元黄，大伤同气之雅，违同人意旨矣。然不战则天地之机息，是战正于不同中求同，以贯彻其最初大同之目的者也。理化不经一番搏击，不增一番融洽，犹人事不经一番变争，不进一番文明也。

奋其阳破其阴，霹雳一声是先生观察自然宇宙的客观现象并发现其中规律性的东西，即自然和宇宙的法则，这是一条普遍的规律和法则。先生据此还观察并发现另外一条特殊的现象和法则："云既上天，阴阳事已毕，恰如分际。此时重其阴则阳滞，益其阳则阴竭，均碍化化之功。……唯优之游之，使自和之。宴乐者，所以和饮食也；饮食者，所以和体气也；饮食宴乐，君子以自和也。"

"雷性动，而震居兑下，雷在泽中，则不唯其动，唯其静。盖性由体而成，体随用而异，雷之不能动违天时地宜犹如此。……然有用雷之功者矣，未有用雷之静也。震而用静，君子体天之功至矣"。静则其气从之，培一身之道义，明、晦、入、出、宴乐休息，无为处，正是其大作为处。

一动一静，一作为一不作为，皆随位时而定，心有灵犀一点通，先生体天之君子也。

痞者，胸膈不利，上下水火之气不交，化机阻滞，病在气，久之及血，气痞兼成血痞，阻隔溃败，痞症成臌症矣。臌由痞致，蛊由否来。阴气遏郁，乃致蛊根源。痞在无形之气，蛊较痞更深更坏，事实已不可收拾："欲扫沉痼之疾，须奋雷霆之威"，奋阳以破阴也，"蛊坏未甚，其中宽一分，则民受一分之福。有裕之一法，蛊坏既成，时机未至，不可骤投祸乱，轻乾坤有用之身。又有高尚一法，更反而推之，决策铁血，雷厉风行，一息尚存，此志不懈"。一裕之、一高尚，一宴乐、一雷霆，一静、一动，元气凋残国脉将斩，攻补之间，间不容发，不如是安足以干蛊乎。

　　医者，易也，易学乃孕育滋养中医文化生命的活水。时下，令人痛心疾首是易学在中医文化生命中的缺席，易学精神不能躬身践行，无异于文化血脉的断裂。先生气质气象、悟性思维，开启了一个明白的境界，易学原非迂疏，亦在明明德，亲民、止于至善。古人曰：半部《论语》治天下，《冉氏易理》虽仅开篇十八卦，当作如是观，不可不细体认也。

第三章

理爕天人 義含哲科

一、返本开新之大本

《内经》是现存最早的一部中医学开源经典，是开启中医药学宝库的钥匙，被尊为中医学术之宗基。唐代医学家王冰谓之"至道之宗""奉生之始"。其文简、意博、理奥、趣深，乃中医学返本开新之大本。

《冉氏内经举要》原名《内经讲义》，是1955年先生出任重庆市中医进修学校校长时编著。根据《武昌起义档案资料》，辛亥首义后，先生因国事入狱，后经全国朝野上下社会各界营救获释。嗣后杜门不出，潜心研究中医学，"拟将前著《灵素外传》《本草发明》各书，续而成之"，先生在"而立"之年曾对《内经》深入研习并编撰《灵素外传》一书，当为《内经讲义》之发端。"七十而从心所欲，不逾矩"，1955年先生七十有六，步入岐黄生涯巅峰，厚积薄发，顺心而为。《冉氏内经举要》涉及学术流变、学术理论、学术基质等重大学术问题，诠释建构和发展了《内经》学术体系，回答了继承与现实关怀的时代命题，是先生呕心沥血的精髓。该书分为上、下编九章八十一节。上编绪论及第一章总纲，总纲九节：源流考证、名称诠释、篇次分合、注疏概略、学术基质、义理分析、时代关系、研究方法、纂辑意义。下编本论八章：理气（即生理）、形身（即解剖）、经络、气运、标本、病机（即病理）、色脉（即诊断）、治疗。另有卷末语总其要、道其情衷，用心良苦！

二、治经贵通大义

张之洞在《輶轩语》中强调"治经贵通大义"，"大义"即学科所具有的独特而系统的认识与思想,是学科立足的原点,先生将其概括为"学术基质"。《冉氏内经举要》中对此有"《内经》本身学术基质""《内经》学术""大义""《内经》实质"等不同表述。《内经》学术基质有两个层面的意涵：第一个层面是具有东方智慧的大宇宙观。先秦哲学里儒家、道家影响最甚,渗透最深,《内经》亦受其震撼同化,"《内经》学术基质乃医家而兼儒家、道家者也",这是《内经》的思想光谱,也是《内经》的文化主体。第二层面是具有哲学方法论的特色。世界观决定方法论,方法论体现世界观,知其要者一言而终,《内经》学术基质,"乃深究人与天地所以共同生"。"人与天地相参",人位于大自然中,自然界的气候变化,与人体的健康和疾病的关系必然很密切,人便得以从认识自然的规律入手,进而适应大自然的变化,使人能更好地生存于大自然中,这是《内经》学术基质的重心。先生反复推阐：上而天时、下而地理、中而人事,近取诸身、远取诸物。其言生理病理脉法等等,均是与天地阴阳、四时递嬗相合立论。不通天地,人不可以为医。善言天者,必验于人,即指此也……自古通天者,生之本,本于阴阳……治病必求其本……四时者,万物之终始也,生死之本也……其论生理,是言生的,不是言死的;对外界,是言连系的,不是言孤立的。认识病理,是言整个的,"全书大义,系究人与天地所以共同生,辟天地之机械,推四时之变化,抉病疴之起源,定治疗之规矩",不是言局部的,是进一步穷研其治疗。重心放在医事上,此乃《内经》学术基质的核心论理。东方哲学的思想意图在于理解永远流变的、不确定的、不可完成的存在状态。从《易经》、老子的学说到孔子的思想都不假设完善概念而重视永远在途中的"存在状态"：二气流行、上下往复、唯虚乃灵、唯虚乃化;对生命景象及其联系的各方面进行观察、比较，探讨生命景象的机理；从天地万有的角度把握生命规律，把生命景象放在自然、社会中观察、研究；从变化的角度、从将功能流转和空间变化结合起来，把握规律。古老的东方自然哲学是《内经》学术的核心基因，内经学术基质是中医学术的核心基因。对《易传·系辞》"形而上者谓之道，形而下者谓之器"这一立论，崔憬解释说："凡天地万物皆有形质，就形质之中有体有用。体者，即形质也；用者，即形质之妙用也。言妙理之用，以抉其体，则是道也。"王夫之亦言："天下之用，皆其有者也。吾从其用而知其体，岂疑待哉？"中医理论是经典意义的自然哲学，忽略生命体物质的定性和测量性，而主要从功能象变角度对生命动态轨道进行模糊的全体（天、地、人）表述，进而从功能上进行客观而综合的调理论治。这种论理为病因不明或复杂性疾病提供了治疗模式，特别是多种慢性病同时存在的复杂状态，如多脏器、多组织、多系统的复杂病变、精神零碎、内分泌零碎、免疫零碎以及缘由不明的疾病具有不可思议的疗效和明确的优势。

中医学的复兴，首先是《内经》学术基质的复活勃兴，关键在明确自己的精神基因、文化根脉，此乃先生所殚精推阐致意者也。大师之大，大在学术，大在气象，先生在紧紧把握内经文化学术之枢要基础上，视中医现代化为一生孜孜以求的生命担当，同时断然反对复古。面对席卷全球的"现代性"，如何与现代科学（西学）融合、革新并得以升华，以回应现代中医文化学术建构的基本问题，这是老一辈中医大师的"文化自觉"。何谓"文化自觉"，即承担起认识自己文化及其在世界中的位置的历史使命。对内经学术基质这个根脉的坚守，正如大学者、大思想家陈寅恪先生对中国传统文化守望者的评价："其真能于思想上自成系统，有所创获者，必须一方面吸收输入外来之学说，一方面不忘本来民族之地位"，这也是先生一以贯之的文化学术精神与医疗实践。职是之故，先生主张义理归结到事实，不由义理而深求虚远。"把理论当作科学的假定，当作科学的有意义的假定，循科学方法，不在假定上再安假定，取其所当取，去其所当去""由繁归简，由虚归实。讲天道的，须归结到人事；讲哲学的，须归结到科学，且由博返约，利用其繁以纳诸简；返虚入浑，利用其虚，以证诸实。以天道说明人事，并以人事调节天道。以科学证实哲学，并以哲学启发科学"。

精、气、神，人身三宝，奉生周命，莫贵于此。人在气交中与天地息息相关，须臾不能相离。生气通天，天气为人生气之本。阴阳二气又为天气之本。故曰生之本，本于阴阳。"就阴阳变化，观察中间的矛盾；再由矛盾变化中间，观察其真实义理；由此项观察的义理，体会出摄生原则，归结出调节方法……非仅局部的、孤立的、死形骸可比。""人有气则生，无气则死，形不能外气，气可以统形。在医学方面，欲讲生的，非求到气不可；欲讲生生的，非求到天气不可。"《灵枢·决气篇》："谷入气满，淖泽注于骨，骨属屈伸，泄泽补益脑髓，皮肤润泽，是谓液"，由气推阐到涵濡附丽的液，先生读出："谷气补骨、骨气补脑，二泽虽同，而一淖一泄，曲曲绘出骨部新陈代谢、反浊为清的景象。脑无补法，此则居然生出补法来"。《灵枢·五癃津液别篇》"五谷之津液，和合而为膏者，内渗于骨空，补益脑髓，而下流于阴股"可相互发明。继而由"中焦受气取汁，变化而赤，是谓血……壅遏营气，令无所避，是谓脉"恍然悟出血循环系统之不竭动力。《素问·经脉别论》，浊气归心，脉气流经，经气归于肺，行气于腑，求到统摄经脉之气，生理的更进一层。特别是将

"游溢精气"四字解读得淋漓尽致。曰脾气散精,上归于肺,如地气之上腾为云然;曰通调水道,下输膀胱,如天气之下降为雨然。水精四布,五经并行,是气是水,非气非水。将水化气,气化水;气化水行,水行气化,活泼泼一片化机,曲曲绘出。如此方是抉出生理,抉出生的生理。

阴阳学说是中国古代自然哲学思想,中医以之解释生理、病理,指导临床治疗及康养,构成内经文化学术体系的基石,内容总括六气五运。1930年先生在《医界春秋·论坛》发表《国医整理之我见》一文,阐述阴阳与六气、哲学与科学的关系。"国医为天人合一之学,所极深研稽者,人与天地所以共同生,活泼泼的。其治病也,亦由正识邪,正气如是出入,邪气亦如是出入,亦活泼泼的……其以六气说明自然现象,为东方四五千年最古老之宇宙观。其六气标本,具科学之因果性;其六气加临,具科学之演绎法;其六气统百病,具科学之归纳法;其六气源于二气,二气只是一气,具科学之单纯性……故以在天成象,在地成形,由气化的而进入实质的。"欲明五运,先明六气;欲明六气,先明二气。气化形质,气凝质聚,垂象而成形。阴阳二气推演为六气,六气演化为五运。《素问·天元纪大论》:"物生谓之化,物极谓之变;阴阳不测谓之神,神用无方谓之圣……太虚寥廓,肇基化元……万物资始,五运终天……曰阴曰阳,曰柔曰刚……生生化化,品物咸章。"阴阳气运学说是内经哲学思维的逻辑起点,具中国特色的气一元论宇宙模式,先生谓之"国学基础所在"。尽管人类自己没有能力精准定义宇宙,但丝毫不妨碍与古希腊亚里士多德同期的中国古代先哲从宇宙万物升华出第一性原理,从最核心处展开推演。

阴阳气运学说渗透并融入中医理论体系,深刻影响中医学的形成与发展，广泛应用于中医学诸领域，是一个最基本的命题，不能被违背、篡改、删除。1955年先生编写《内经讲义》，全书共九章，气运、标本各为一章。2004年1月第一版《冉氏内经举要》第五章以"运气"名篇，在诠释中谓"气运""六气五运"，未见有"运气"出现，冉先德教授在导读中亦为"气运"，据此，可以认为是排版时颠倒了词序，应为"气运"。

气运即六运五气的简称，与运气从汉语语法学讲属联合结构，词性是一致的，关系是并列的，仅仅在词序的排列上有前后的区别，但在古代自然哲学与医学义理方面，其相去不啻天渊！运气的概念在中医学领域司空见惯，当下教科书、工具书也相沿因袭。先生一代通儒硕学，其学融贯儒释道，打通文史哲，一个词序的变动，从古代自然哲学与科学的角度，意义深远重大，非同寻常的一个字、词的校正，而关乎"东方最早之宇宙观"，关乎气、运本源的关系，关乎中医学术共同体成员共有的理念、价值、方法，是"冶科哲为一炉，燮天人而归化"的根本，是《内经》学术的精神家底，其学术层累体系建构的基础，是先生一生构建的文化学术体系的灵魂，是中医之为中医的命脉。

六气五运，上下生化承制、为常为变、为胜为复、所胜所不胜、平气、不及、太过，有是气运，人体生理病理有是感应、有是体象；有胜复的感应，人体生理病理有胜复的体象。善言气者，必彰于物；善言应者，同天地之化；善言变言化者，通神明之理。成败倚伏，燮理调节。必先岁气，勿伐天和。勿盛盛，勿虚虚。辩证的唯物，唯物的辩证。

《内经》气运，六气加临，五运承制。气化象征，处处归结到人应之，物由之，由生理归结到病理，由病理归结到治疗方法，范围天地而不过，曲成万物而不遗。一代哲医宗师对哲学与医学，反复研究，再三推阐，"与他项科学由假设而理论，由事实而方法而实验类似。而气运则假设中早具理论性质，实为超越。若摒除一切，唯守呆钝局部病理，与天地气候截然划断，适成魏尔啸孤立机械生理病理治疗"，片面强调局部细胞病变而忽视机体作为一个整体的反应，更是忽视人体与天地四时作为一个有机整体的存在。治不法天之理、地之纪，不知年之所加，气之异同，灾害至矣。先生一再致敬气运学说，"人身机体是整个统一的，对外界是整个统一联系的。大自然规律，是人与天地统不能外的。吾人，求进一步医学，征服自然，则于天地的运行，气候的变化，安得不辨认清楚，推阐明白，为入手实施调节治疗树基础……以唯物的观点出发而辨证，以辨证的方法而归结于唯物。试问此为空泛否，为带哲学色彩太浓否，为不合科学方法科学原理否？"连发三诘问，辞直义畅，切理厌心。

三、研究《内经》之方法

《内经》文词古奥，义蕴渊微，且年移代革，简脱文断，复又佶屈聱牙，以致微言大义茫然难寻。对《内经》的研究，自秦汉以降，代有大师，全元起、王冰、杨上善、张介宾、李中梓、恽铁樵等卓有建树，各各立派成家。根据研究方法的不同，任应秋先生将其分为：1. 校订疏证诸家，以齐梁人全元起、唐人王冰等为代表；2. 分类研究诸家，以隋人杨上善，明代张介宾、李中梓为代表，用分类的方法，按不同性质内容，从类分门，附意阐发；3. 专题发挥诸家，各就其所长，择一个或几个问题，专题研究。先生编辑《冉氏内经举要》，"删其繁芜，撮其枢要，且所编次，各以类从"，属分类研究一派。

科学的研究方法是人类长期进行科学实践的结晶，并随着人们对客观世界的认识和实践的不断深化而充实、丰富、提高。先生高度重视学习方法的研究，提出合、分、大、深、实五个研习《内经》的方法。1.合并研究，2.分别研究；3.大处研究，4.深入研究，5.实际研究。五者浑然一体，互动互补，又各具特色，各有侧重。

其大处研究一法，饶有新意，研习《内经》（包括研习传统中国文化及中医）者不可不晓。"大处研究，学者须先识其大体，再观其理论，进而寻求其归结，然后穷研，以会通其精神"。"识其大体""观其理论""寻求其归结""会通其精神"四者次递层层深入，直到落实把握会通其思想主旨这个重中之重。梁任公读书，主张第一遍鸟瞰，第二遍解剖，第三遍是会通。两人主张高度共识，方法一辙，心心相印，大师鸿儒心有灵犀。

当前中医学术界主要精于分立研究，即"务于精熟"这一专题研究。此固然必要也不可或缺，但根据中医文化学术内在矛盾和演变轨迹，大处研究一法应引起足够的重视与投入。

先生进而提出大处研究的关键"要在不求甚解，不解之解。不必拘拘字面，钻研名词，死守数条。阙其所当阙，辨其所当辨，阐扬其所当阐扬"。"不求甚解"，并非教人读书马马虎虎，囫囵吞枣，而是谆谆教诲后学做学问的要诀，强调"会通其精神"。先生反复陈说"古人文字有古义的、有互通的、有假借的，须要寻旨归、识大体。不以文害词，不以词害意，通其所当通，阙其所当阙，庶为得之"。《内经》先秦著作，去草昧未远，又历经战乱，迭经编纂，错简残篇，真伪杂乱，不适用机械式的研习。凡读书论世，尽信书不如无书，强调通过自己的思考判断其价值，构建涵摄文化的理论。

"不求甚解"的大师首推陶渊明,他在《五柳先生传》中首倡这一治学方法。书中写道:"好读书,不求甚解,每有会意,便欣然忘食",讲明读书治学,不要胶柱而调瑟、固执刻板、咬文嚼字、死于章句之下,重点在前后贯通,领其大略,欣然会意。不能不解,不求凿解,不求甚解,敢谓得解,以待后之学者。冯其庸先生回忆,钱穆给他讲做学问要"我见其大",要看大的方面,不要钻牛角尖。1990年2月笔者在台北《海峡中医》第一卷第一期曾撰文论说"独观大略,不求甚解"的微言大义,现摘录于此:

"雄才大略的诸葛亮与徐庶、石广元、孟公威等人一道游学读书,'三人务于精熟,而亮独观其大略',徐庶等人'务于精熟'固然可欣,而'观其大略'的诸葛亮却因成就了三国鼎立的大局面而彪炳史册。一代天骄毛泽东在论述战略决策时高瞻远瞩地指出,'不要计较一城一池的得失,暂时放弃延安,我们将得到整个天下'。诗曰:'不识庐山真面目,只缘身在此山中',说明对事物本质认识不清,是因囿于一隅,未能登临绝顶的缘故。一旦登高极目,豁然开朗,便'一览众山小'。横岭侧峰,远近高低尽奔我来。伟人、哲人、诗人的韬略、感受,对我们研究中医极富指导意义。

"'不求甚解'的学习方法,是适应中医理论特点的。众所周知,整体观是《内经》学术理论的基石,由此也规定了对其研究也必须满足整体性原则。所谓整体性原则,即在不干扰人体生命活动,不割裂人体各部分之间生的有机联系与条件下进行研究的原则。离开了整体性,像脏腑经络这样整体性的研究对象势必难以被揭示。大处研究法,识大体会通其精神,要在不求甚解,满足中医学整体性原则。

"'不求甚解'的大处研究法与现代系统方法具有一致性。自然哲学阶段，直观加思辨的研究方法占主导地位，'法象莫大乎天地，变化莫大乎四时'；实验科学阶段，分析方法占主导地位。系统方法突破了以前分析方法的局限性，它不要求人们硬把活的有机整体分解成许多死的部分，然后机械地相加，而是如实地把研究对象作为有机整体来考察，从整体与部分相互依赖、相互结合、相互制约的关系中揭示系统的特征和运动规律，亦即'大处研究'法。现代系统论学者认为，总结中医学中的系统方法，不仅对医学而且将会对现代科学技术的研究起积极作用。有识之士的卓见，古今一理也。"

四、其亡其亡，系于苞桑

罗素说，中华文明是唯一从古代存留至今的文明。梁漱溟讲："历史上与中国文化若后若先之古代文化或已夭折、或已转易、或失其独立自主之民族生命。唯中国能以其自创之文化永其独立之民族生命，至于今日岿然独存。"在绵绵不尽、浩浩荡荡的中华传统文化历史长河中，中医学最具代表地四射出强劲的生命活力。泱泱岐黄，传承五千多年而不坠，援儒入医，援道入医，援释入医；近二百余年以来，欧风美雨挟强势现代科技来袭而中医学岿然独存。实赖中医学博大包容，海纳百川、援西入中、融合为我的精神。学术自信是对自身文化的渊源、发展、未来以及作用和地位有清醒的认识，并对其学术的生命力保持有坚定的信心和展望。先生的追求、先生的精神世界，上下五千年，纵横八万里。其家国情怀、君子人格，建立在坚实的文化自信、学术自信的基础上。

"自其功效昭著者言，我国自有生命以来，即有中医。中医与劳动人民结合，为劳动人民抗御疾苦与病魔作斗争的武器。在这个纵横数万里的大陆上，上下几千年的历史中，很少疠疫大流行蔓延持久的记载，这就说明中医服务民众，长期维持不错的表现。所以中医有四五千年永久不变的历史，六万万人口冠全球的优美成绩。自隆古以迄近，中国只有中医。虽历代以来，均有其他学说，影响医学，亦只融入中医学理之中，中医并非与之从化。中医独立特点的精神，是值得表彰的。周秦以降，历汉唐宋元明，与中国接壤的国家，多亦用中医。是中医不唯保卫广大人民健康，并保卫邻邦广大人民健康，是更值得引为欣慰的。中医前此阨于历代专制不良政府的钳制摧残，少有发展机会，清末帝国主义魔爪伸入后尤甚，几至灭亡。幸与人民结合，历史甚久。得到广大人民的拥护，所以其亡其亡，系于苞桑，传之于今而不坠。再有一层关系，就是适合国情，适合民众需要，有真理的学术不会灭亡。"

《内经》是中医学术的命脉，只有回归传统，建立在博大精深的传统基础上，坚守活水源头的学术范式，才能拥有文化学术自信。先生家学渊源，受益于传统经学，浸润过清末民初的浓郁学风，秉持义理与事实并重的治学门经，濡染了老一辈学人独立自由之操守。先生文化学术之路，与中国社会近代历史变迁相始终。笔尖纸上，先生不忘对现实世界的观照与关怀，不忘对传统文化的温情与敬意，怀着"斯文在兹"的道义担当，集平生所学，对中医核心问题，予以总结，一朝写就，定则定矣。"然由理论而归结事实，由气化而归结治疗，有环境连属性，有机体统一性，弘括肃深，正确真实，未容湮没。乃或以为带哲学色彩太浓，不普泛，冀将此项古籍废除，截断历史，虽煮鹤焚琴，在所不惜。衡以政府对待中医正确政策和发扬先代文化精神，似有未合。此风一播，致令真知灼见之士，亦忧谗畏讥，即有所见，亦不敢着笔深谈。际此改进过渡，稍纵即逝，学术真伪，只争斯须。此节关系中医学术前途盛衰兴灭颇大，凡在医林，安可忽视。"

编完《冉氏内经举要》，先生悲欣交集，"无任感慨"。欣幸五千年来中医学术与华夏生民结合，深植于草根之中，"其亡其亡，系于苞桑"，传之于今而不坠。这份欣幸，源于坚信中医文化对当今中国与世界的价值和潜在价值，也源于坚信内经学术基质引领和契合了当代新学科的发展趋势。欣幸之余，先生也不无殷忧。近百年来，《内经》研究与中医学的生存、发展一样，在希望与痛苦、拼搏与坎坷、反思与困惑、抗争与扼杀、坚守与放弃中风雨兼程。面对抽象地肯定中医为中华优秀文化遗产的紧要部分，具体地否定本经《伤寒》及《内经》这个"中医基本及基本的基本"，废除经典，截断历史的思潮，先生对此旗帜鲜明地提出反对，斥之煮鹤焚琴，坏我万里长城，大声疾呼"既去《内经》，何须中医；不去中医，何必去《内经》"。先生是讲究行状气象的，具有一代文化学术托命之人的大师气象，具有一种文化的尊严、读书人的风骨与硬气。"中医发明最早自有生民以来，即与广大劳动人民结合，为人民抗御疾病与病魔作斗争的武器。有四五千年的永久有效的历史，有六万万人口冠全球优美的成绩。究竟中医学术基本的内容如何呢？盖中医是讲天人合一，究人与天地所以共同生。人生天地间，与天地息息相通，天地变化，人身也必起变化。这个就是说，人在宇宙中，受宇宙大自然规律所支配，故就宇宙自然，探寻出种种疾病的来源，又从这个来源探寻出种种治疗及种种预防方法。其讲生理，是讲生的，不是讲死的；讲病理是讲整个的，不是讲局部的；讲环境是讲联系的，不是讲孤立的。进一步提挈天地，把握阴阳，逆从四时，浮沉万物，直欲征服自然"。

在《冉氏内经举要》绪论、卷末语、各章节中，在全国政协会上，在不同文章、讲话中，先生反复推阐，再三强调关系中医学术前途盛衰兴灭的学术核心思想理念，温恭朝夕，念兹在兹。当数典忘祖的虚无思潮横无忌惮，医林真知灼见之士趑趄嗫嚅忧谗畏讥，有所识见，亦不敢着笔深谈，全然噤若寒鸦，泯然众人矣。先生不计荣辱毁誉，奋笔疾书据理抗争，守护《内经》学术根脉，其性至真，其情至悯，其怀至旷。从中可以感悟到先生的文化自觉、学术自信与知其不可为而为之的天命担当，对晚辈后学是勉励激励，对当下医林是警省、是反思。

五、医无论中西都要先从基础上下功夫

2015 年中国本土科学家屠呦呦获得诺贝尔生理学或医学奖，国人无不欢欣鼓舞。在热烈祝贺和表达由衷敬意的同时，屠呦呦获奖也引发了广泛的热议。同年12月7日，屠呦呦在卡罗林斯卡医学院发表题为《青蒿素的发现：传统中医献给世界的礼物》的演讲："中西医药各有所长，二者有机结合，优势互补，当具有更大的开发潜力和良好的发展前景。大自然给我们提供了大量的植物资源，医药学研究者可以从中开发新药。"中国中医科学院院长张伯礼表示，屠呦呦获奖是中医药为人类作出的新贡献。希望给中医药一点时间。中医原创的思维、原创的经验和现代科技相结合，就是原创的成果。屠呦呦从中医药古典文献中获得启发，先驱性地发现青蒿素，正如诺奖委员会秘书厄本所说的："它（传统医学）是灵感来源。"诺奖委员会委员汉斯·弗斯伯格

明确表达:"你可以说受到了传统医学的启发,但这个奖项并不是给传统医学的。"中国科学院院长白春礼说:"屠呦呦是中国科学界的骄傲,将激励中国科学家不断攀登科学高峰,为人类文明和人民福祉作出更多更大贡献。"有人提出,在青蒿素发现过程中,屠呦呦采取的研究路径和研究方法,如通过乙醚提取青蒿素,以及用动物模型进行实验研究等,是典型的西方科学范式的研究,有学者提出:"青蒿素是从植物中提取的成分单一、结构明确的化学药……有很多化学药最初都是以植物为原料提取或合成的,例如阿司匹林、麻黄碱、达菲,我们不能因此就说它们是中药……"广州中医药大学药学院副教授高洁则指出:"青蒿是中药无疑,而青蒿素以及其衍生物是经过现代制药工艺提取并进行了结构改造,应该属于西药。中西之争,其实是中医药现代化的路径之争。中医现代化要走传统路线,中医有自己的理论体系,一旦走单体提纯之路,就脱离了中医药的范畴。"因获奖而引发的争议歧见纷争,见仁见智,不乏美好的初衷和愿望,也呈现出理性和建设性的思考。

屠呦呦从《肘后备急方》获得灵感,最早成功地从复杂的化学成分中提取出稳定的化学单剂,笔者由衷地钦佩和祝贺现代医学取得的成果,同时对由此引起的中西论战存在的问题进行反思,我们具有高度的中医文化自信、坚守中医学术自信立场,旗帜鲜明地反对文化虚无主义,也完全没必要掠美。同时警惕跌入"废医验药"的陷阱,重蹈"废医存药"的覆辙。中医药是一个伟大的宝库,应该和必须为人类文明作出更多更大的贡献,学术自信是根植于中医药学术基质基础上的,医林中人应该具有清醒的认识和坚守。

中医作为中国的瑰宝近代以来屡屡遭到排挤,特别是重器而不重器识的激进变革时代，质疑之声不绝于耳。俞樾是最早主张废医存药的始作俑者，认为"医巫一也"，主张"卜可废，医不可废否？"进而提出"医可废，药不可尽废"。中医药作为传统文化的一部分，被思想新潮的新派人物梁启超、严复、陈独秀、胡适、傅斯年视为旧传统、旧文化一并否定。1926年3月，梁启超因尿血入住协和医院，刘瑞恒院长主刀。术后尿血未见好转，经检查被切除的是没有病变的右肾。梁辩护曰：不能因为科学知识还幼稚，便根本怀疑到科学这种东西。后请老友唐天如开处方：阿胶、泽泻、当归、白茅根、小茴香、肉桂、苦楝子、焦黄连、浮小麦、黑蒲黄，数剂见效。梁反对中医，却一再找中医治病，然又坚持"阴阳五行说为两千年来迷信之大本营"。胡适认为，个人疾病获愈是私人"小事"，承认中医能治好科学诊断的病，却是原则"大事"，诸先进其言其行，有悖科学精神。傅斯年《再论所谓国医》："汉医的经验方剂中，也许不少可取以增加近代医学知识。这是当然，不过这又不是中医所能办。即如提净的麻黄，这在西医算是时髦的药了。但麻黄之提净不是中医所能办的，是陈克恢先生（中国药理学研究创始人，20世纪国际药理学一代宗师）做到的。其临床应用，是各医院试验得来的，远不如中国医书上所说之普遍而含糊。……改良的中医是否预备全部地接受近代解剖学、生理学、微菌学？若然，中医之为中医还有几何？若不预备全部接受，而只在那里剽窃几个名词，这些系统科学中的名词如何在国医系统中与其他名词与'哲理'合作？"余云岫提出"废除旧医案"，主要反对《内经》，"不歼《内经》，无以绝其祸根"。余氏临床也爱用中药，撰有《科学的国产药研究之第一步》《临床国产药物刍议》《国产药物的文献研究》。

中医乃中国固有之学术，亦称国医。清季民初以迄今，其价值与走向,不断遭遇西方思潮的冲击,"全面废医"论、"废医存药"论、"废医验药"论时时泛起,其要害是否定中医以《内经》学术基质为本体的中医基础理论进而主观或客观上取消中医,嫉弃中医。任其泛滥,其结局是国医中药,国将不国,药将不中,人类数千年享受的多样性医疗保健学术服务体系,进入一枝独秀的寂寥季。同则不继,和实生物,此不禁让人联想到马克思《评普鲁士最近的书报检查令》:"你们赞美大自然悦人眼目的千变万化和无穷无尽的丰富宝藏,你们并不要求玫瑰花和紫罗兰发出同样的芳香,但你们为什么却要求世界上最丰富的东西——精神只能有一种形式呢?"

先生以中医文化学术托命之人的担当,奋起保卫学术长城。"前此有些学者,嫉弃中医但从事中药研究,讵提制出的药物,半数均不合实用。犯了义理不结合事实的弊病,是行不开的。余云岫为反对中医的代表者,晚年发表意见,谓前此脱离中医实际,用力多而成功少,可为殷鉴。此是脱离中医实际,还有脱离中医理解。提到生化,则曰空玄、提到承制,则曰诞妄……中说气运,在天成象,在地成形,亦是有质量的东西。中蕴宝藏,端资开发。若徒逞卑浅,自域陋见,拘拘孤立的生理、局部的病理,机械不合理的疗法……舍却义理,死守教条,亦是行不开的……况其中尚有一部分,新学犹未体到,尤为学者所当注意。"先生坚持义理与事实统一兼顾。"义理"的概念与美国科学史家、科学哲学家库恩的"范式"概念同义,指学科赖以运作的理论基础和实践规范,是从事某学科的研究者群体所共同遵守的世界观和行为方式。库恩的科学观把科学看作一定的"科学共同体"按照一套共有的"范式"所进行的专业活动。科学首先是在"范式"支配下,为解决"范式"所提出的"疑点"的高度定向的研究活动,这是科学的常规活动。

中医学是在以《内经》学术为主体的"范式"支配下,为解决范式所提出的"究人与天地所以共同生"的高度定向的研究活动。抛弃《内经》学术精髓与真谛,悖离中医学术范式的创新驱动发展,是对中医学术的摧残与扼杀。"万物并育而不相害,道并行而不相悖",先生主张在高远深邃的学理层面会通创新,秉持客观、开放、包容、礼敬的态度,取其精华,去其糟粕。以中为主,为中所用,不复古泥古,不否定排异。不忘本来,吸收外来,面向未来,萃取核心理念,赋予新的内涵,作出当代性阐释,活态利用,活态发展。在《对于学习中医的一点小贡献》中,先生明确提出:"医无论中西都要先从基础上用功夫……不要循末节,病的转变无穷,药的适应亦无穷,决不能局限于一个式。若拘拘于某病有某种特效方,某方为某种特效药,休说必生差错,即令不错,支支节节,于真正的学术是无大裨益的。……内经多详天地变化,四时递嬗,标本中见,主客加临……而能将天地人连贯成一个体系,不宁病理生理活用此项原则,将人与天地连成一片,亦活用此项原则……若一概抹杀,截断历史,在学理上是要吃大亏的。""蒹葭苍苍,白露为霜",中医复兴之路,道阻且长。由是之故,先生就复兴之路提出了四个不同层面而又相互为用的向度,贯通其中的是以理御术,以道统器。

六、中医学复兴之路

其一,中国传统文化为根脉。中医乃国学之重要组成部分,传统学术文化规定并影响中医思维范式,夯实了中医文化学术之理念价值及文化归属。国医与国学共生共存共荣,先生强调"内经学术基质乃医家而兼儒家道家者也",就是突出儒道传统文化在内经学术中的核心地位。康有为讲:"中国能礼仪则中国之",肯定了中国文化的属性。先生,传统"文化精神所凝聚之人",生命性情受其震撼同化,"洄溯从之",传承之应然,情理之必然。仿康南海语,"中医承传统则中医之",不懂国学,不敬畏传统,遑论中医。陈寅恪曾说,"不揣其本,而活其末,充其极只或下等之工匠。境遇学境略有变迁,则其技不复能用,所谓最实用者乃适成为最不实用。天地人事之学,精深博奥者,亘万古、拱九垓而不变。凡时凡地均可用之,而救国经世尤必以精神之学问为根基"。"精神之学问"即"道"、即"理",即中国传统文化。基础不牢,地动山摇,根源性的传承越深入,开散性的弘扬越久远。在与时消息、与时偕行、与时竞进的创新发展中,首要的是用生命呵护这片文化的天真。"对于古人之学说,应具了解之同情……必须具备艺术家欣赏古代绘画雕刻之眼光及精神,然后古人立说之用意与对象,始可以真了解。所谓真了解者,必神游冥想,与立说之古人,处于同一境界,而对其持论所以不得不如是之苦心孤诣,表一种同情。"(陈寅恪语)

其二,《内经》学术思想为核心。核心思想理念亦称"大义",先生揭示《内经》"全书大义,系究人与天地所以共同生,辟天地之机械,推四时之变化,抉病疴之起源,定治疗之规则"。中医复兴首要的工作是将《内经》经典的理念提炼出来,并贯穿现代思维意识。天人合一,天人感应文化关乎天意,贯通三才,包罗万象。人是时间、空间的产物,与天地万物感应共鸣,天道人事互为印证。先民对自然、宇宙、生命、人生的感应认知既是安身立命的参照,更是立身处世的生命、置身其间的意义。从自然时空系统理解健康和疾病发生发展的规律,极富哲学韵味。

《内经》言阴阳,是一种生命时间化的哲学思维,阴和阳没有自身,只有对立互根及由此生发再生发的关系,犹如过去与将来没有独立的自身,只有在相对相须的过程中才能成其自身。"天地盈虚与时消息",六气五运是对阴阳思维的推阐和演绎。先生理解:"阴阳二字,乃昭显相对的演绎,而总括六气五运","阴阳二字,普泛应用,为一种有意义的代名词。不宁在古昔用,现代亦用;不宁医学用,各项学科亦用","医家讲阴阳,是欲究人与天地所以共同生,而追溯病源之所由肇始","此为中医学术基本问题,学者所当着眼也"。探索生命的复杂性超出任何单一文化和学科的能力范围,透过中医学与各专门学科(包括西医学)深层学理的交融与会通,将推动世界医学、生命科学的发展进步,创新医学和生命科学,中医文化学术"终必复振"。

其三,"义理归结到事实"为路径。"溯游从之,宛在水中央",先生具体倡导:"把理论当作科学假定,当作科学有意义的假定,循科学方法,不在假定上再安假定,取其所当取,去其所当去"的复兴路径,中医学自发生以来从未中断,在生命流变中具广谱兼容性,其内在结构一直保持着人道与天道相配的存在原则,完整地体验到人与自然、人与人、身与心、物质与精神、能量与信息的关系,具有一种难以释怀而自足的"存在的秩序"。唯其丰富复杂性,难免泥沙俱下。站在维护传统文化学术内核的独立性立场,实现其蜕变与飞跃,弘扬优秀的同时对传统中鱼目混珠的部分予以摒弃,其关键是确定优秀与否的标准是什么,"取""去"的依据是什么,承百代之流,而汇乎当今之变,以促进传承转化创新。

中医学具有自身的生长线索和内在动力,其中许多思想和理念超越时空。先秦生民在人与自然、人与人、身与心、物质和精神、能量与信息生存博弈的自然与历史进程中,升华出以《内经》学术理念为核心的医学模式、逻辑、哲学。若机械生硬地为其套以西方科学的框架模式,不仅水土不合,更是动摇中医文化学术的本根。当然,中医学的发展也要借鉴西方知识生产提供的信息。近代以来,中医学日益丧失以自身逻辑来论证自身知识体系这样一种方法论或知识生产上的立法能力。中医学如何在现代文明的语境中复活,需要在传统文化学术义理指导下,于具体的一个个案例中锤得真知。我们尊重、习得、借鉴西方科学,也应清楚西方科学从诞生至今表现出的认知缺陷。补苴罅漏,传承创新发展重在哲思关切整体性、科学注重部分间平衡,对传统温情脉脉抱持满满的期盼与展望。当代哲学家赵汀阳对传统文明主张"以古人所需要的生存最大利益为出发点去理解古人的选择、接近历史真象的可能性显然大于以现代政治观点去想象古人"。

"对历史性的建构意味着邀请古代之彼时当代性再临当下,与此时之当代性相合,以便理解彼时之当代性如何预示或铺陈了此时之当代性。"

录此,"是为述古以祭祖"。

其四,求异思维。先生再三强调,以期引起重视:《内经》"与西说相同不足异,与西说不同而堪望启发则深足异"。以精气谷气、淖泽泄泽、益髓补脑演绎脑髓生化源委,借天癸以明天真,阐明生命之起源,以呼吸气息规定血脉动率,借气化水行、水行气化以昭明气水生化体象等足资启发的吉光片羽,以启发后辈学人。心为君主之官,主神明,主不明则十二官危,心生血(肝藏血、脾统血),是中医学对心的认识与表述。这与西医心脏是中空的肌性器官,循环系统中的动力,供血、供氧、供养,带走代谢终产物的认识大相径庭。

眼前是道，石破天惊，犹拨云雾而睹青天。先生是保存了古代遗风刚直不阿的士林中人，是医界一代宗师，一再强调中医文化学术基质，主张义理与事实的统一，认定这一基质使中医文化学术免于传统保守的迷狂，也避免了科学实证的狭隘，体现出理性与感性的精神面貌。深厚的传统底蕴与强烈的现代意识相互指射，相互推动，适成互补形成张力。先生强调传统学术的自我认同，积极主张并参与文明的对话，提供总结出中医文化学术传统发展中必要而且可能现代化的内在基因和强大的自我更新能力，提出在差异、矛盾对立中互动，做出符合时代要求的选择。先生视野开阔，思考深远，是中医文化自觉的灵魂人物。国学大师钱穆一生都被困在中西文化的争议中，他把自己的思想追求定位为"所论每若守旧"，而出发点"实求维新"，其基本立场是要吸收西方的新文化而我用的认同，钱穆之与先生，互为镜像。

第四章

注焉而不满　酌焉而不竭

一、晚年的名山事业

读经典，做临床，是中医名家成长的必由之路。《伤寒杂病论》（下简称《伤寒论》）自问世以来，历一千七百余年，其理、法、方、药及辨证论治理论体系已成为中医学最根性的支柱，在中医学领域中持久地发挥着日益重要的指导作用，被历代医家视为圭臬、奉为经典。"譬如北辰，居其所而众星共之。"

先生耄年开始撰著《伤寒论集注总诠》（后以《冉注伤寒论》书名正式出版），学术生命正处于巅峰状态，终其一生对名山事业的追求挟六十余年鲜活的理论诣力、丰沛的临床经验于笔端井喷而出。全书分七章：一、序论；二、释名；三、概要，1.考传，2.析义，3.辩序，4.辩例，5.辩辩脉平脉，6.辩痉湿暍、霍乱、差后、劳复，7.辩篇次分合，8.辩诸家注疏，9.编纂意义和要求；四、太阳篇总论，辩太阳病脉证并治上、中、下；五、阳明篇总论、辩阳明病脉证并治；六、少阳篇总论，辩少阳病脉证并治；七、太阴篇总论，辩太阴病脉证并治，辩少阴病脉证并治。因《伤寒论》深邃古朴、奥折隐晦，本论于各经前，加提要总论一篇，抉其精蕴，昭其综概，俾便学者体会。书后附有各经概要复习题，以探索会通化合要点，抉出真髓。

《冉注伤寒论》是先生的代表作，该书上编概要中重点强调："自宋元明清，以迄今代，注伤寒者……已愈四百余种……本编与其他集注、集义、汇纂不同，彼系聊为征引，此乃总求归结。……将经论之精义，各著之菁华，其中精透奥妙入微之处，整理好，注释好，贡献出来，为中西医学术交流，为西医改进中医，复以中医丰富西医，再以中西医结合形式丰富世界医学，此乃编者的目的，也是编者的希望。"先生抱持"欲求向新的方面发展，必须向旧的方面整理"的学术态度，精研学理，深格深致，收束既往，启发将来，"旧的要整理，要改进，幸勿兜打倒车；新的要灌输，要融会，必须迎头赶上。剥夺影响依稀的伪装，阐扬贯彻化合的真谛，重心尤须放在新的方面"。昭示微言，阐扬大义，直入秦汉之室，与仲景学说一脉相承；包孕时感，发抒心得，不蹈空玄故常，奥如衍如，是一部伤寒之学的扛鼎之作。

人生百年，生命倏忽，古代哲人提出人生三不朽，《左传·襄公二十四年》，"太上有立德、其次有立功、其次有立言"，《冉注伤寒论》成就了先生一生的追求，是先生毕生心血的结晶。《冉注伤寒论》在伤寒论研究的脉络中周流上下，自由徜徉，对伤寒之学进行了整体梳理，将仲景的为学精神、业医境界内化到自己的学术研究中，凸显了先生的学术宗旨和学术谱系，颇具学科的开创意义和典范价值。先生自谓《冉注伤寒论》"虽是个人私家编辑，俨似现代有代表性撰著的一部分，其意义不可谓不弘，其责任不可谓不大"，行文雄浩，充满学术自信、自觉。东汉以降注伤寒者，以数百家计，先生对伤寒之学的研究在情感的投入、论述的透辟、阐释的幽微、寄托的深远，世所罕见。先生坚信中医学术文化的开新启运，必然伴随着不断回归经典的重构过程，因为我们至今仍生活在中华文化传统的延长线上。将名山事业名为《冉注伤寒论》，直以仲景学术托命之人自许。

1959年11月先生正伏案编著，突发脑梗死，虽经专家治疗小组和特别护理小组的精心治疗与护理，终因年事已高，不幸于1963年1月29日病逝。该书未能竣稿，止于第283条，铸成了中医学术无法弥补的重大损失。

伤寒之学系国学之精华，是"屹然独立，继继绳绳，增长光大以迄今日的足以傲世的学术"，对今天而言，传承发展，发扬光大是吾辈之责。

钱信忠部长在《冉注伤寒论·序》中提出：全书最后尚有部分未曾完稿，为保留原著风格，这一版只发表原文，今后再版时由冉老门人增补完璧。冉先德教授在2004年再版导读中谓"为如实反映原著的风格，我们决定暂不续编"。

渺渺钟声出远方，煌煌六经济世长。

先生一逝成今日，四海无人对南阳。

如何在忠实原著风格的基础上增补完璧，笔者不避浅陋，条陈管见：

一、坚持先生一贯秉持"执柯伐柯，其则未远"的学术态度，从医经、方药、临证著述中蒐集载有先生关于284条至398条诠释阐发的碎金片玉，特别是《冉氏方剂学》中涉及该范围的零星篇章语句，以臻全豹。亦如先生所言："吾人后原著千七百年矣，犹得搜求较古珍贵秘籍，总结历代名贤经验。居今为中医复兴之日，正学术昌明之会，因得钻仰高深，勉窥堂奥，这也是为学有兴趣愉快的事。"

二、不揣冒昧，试举例示之，以求正之。

第357条：伤寒六七日，大下后，寸脉沉而迟，手足厥逆，下部脉不至，咽喉不利，唾脓血，泄利不止者，为难治。麻黄升麻汤主之。麻黄二两半（去节）、升麻一两一分、当归一两一分、知母十八铢、黄芩十八铢、葳蕤十八铢、芍药六铢、天门冬六铢、桂枝六铢（去皮）、茯苓六铢、甘草六铢（炙）、石膏六铢（碎，绵裹）、白术六铢、干姜六铢。

上十四味，以水一斗，先煮麻黄一两沸，去上沫，内诸药，煮取三升，去滓。分温三服，相去如炊三斗米顷令尽，汗出愈。

冉雪峰曰：按（此方）伤寒条文，主治伤寒六七日，大下后，寸脉沉而迟，手足厥逆，下部脉不至，咽喉不利，吐脓血，泄利不止者，为难治，此汤主之。查本方为误治救逆，乃麻黄汤系变中之极变也。方制寒热并用，疏利补润兼施，实为费解。但有此复杂参错之病，不可无此复杂参错之方。所以然者，伤寒厥阴禁下，在提纲已申其诫。兹既下之利不止，中气败坏，厥逆，下部脉不至，而又咽喉不利，吐脓血，上下乘异，清温两难，故为难治。本方以姜桂复脉，术苓培中，归芍葳冬益阴，黄芩知膏清热。妙在升麻为解毒疗口咽之特效药，又能周转经脉协麻黄由至阴之地而出之阳分，既可走下焦之生气，又可清上焦之浮热。因之脉可复，厥可回，咽喉痛吐脓血亦可缓。观方注令尽，汗出愈，不啻画龙点睛，其立方精意，跃跃纸上。汗至气至，气回阳回，气到水到，水到热解，微乎微乎。举陷不用参芪之甘温，清上不用连柏之苦燥，回阳不用乌附之辛温。明得此中分际，乃知此方分际。历代注家，多未证入，予以叹读古人书者不易也。

笔者按：先生看似剖析方义，实为辨析脉证以论治。麻黄升麻汤证为虚实寒热错杂病症，该方乍看用药杂乱相悖，一经先生诠释，方证精义跃然纸上，疑窦释然。《伤寒论》中，寒热并用攻补兼施的组方成就颇高，半夏泻心汤，偏于和中消痞；干姜芩连人参汤，偏于清热降逆，乌梅丸调整寒热二者偏袒，以遂生生之气，偏于酸辛驱蛔；麻黄升麻汤，偏于发散郁阳，有和、有降、有敛、有散。麻黄升麻汤的药物组成，涉及桂枝汤、黄芩汤、理中汤、白虎汤、越婢汤，是多个单方的复合方。寒热攻补，多维调节以治疗复杂病机的证候，其组方思路和复方应用，对后世的影响很大。诸如第 378 条：干呕吐涎沫，头痛者，吴茱萸汤主之。寒凝厥阴，郁滞不用之证，用温暖厥阴，振起东方颓阳的吴茱萸汤冲动开发之。第 351 条：手足厥寒，脉细欲绝者，当归四逆汤主之。厥阴营郁,血脉凝滞之证,治以养血温血,行气通络之当归四逆汤。"若其人内有久寒则仲景另主以当归四逆加吴茱萸生姜汤……学者既明四逆通脉白通各法,又明四逆散,气分之四逆;本方血分之四逆;及橘皮汤中气不旋转之四逆。对厥逆各证,亦可以不惑矣。"

三、暂付阙如。对待优秀学术遗产,先生认为"安有完整善本,唯其残缺,乃愈珍贵。阙其所当阙,辨其所当辨,通其所当通,是在学者"。

二、先释书所以名伤寒的意义

先生研究《伤寒论》强调"名不可假""必先释书所以名伤寒的意义",否则,"名之不正,言何以顺,事何以成"。晋唐以前,《内经》《难经》《伤寒论》对伤寒涵义的广义狭义之辩透彻明晰。广义的伤寒是指一切外感热病的总称,即《素问·热论》:"今夫热病者,皆伤寒之类也……人之伤于寒也,则为病热。""寒"字,古代汉语中作"邪"解,见《孟子·告子》:"吾见也罕矣,吾退而寒之者至矣。"任应秋《伤寒论䚣栝》引日本唯忠子文氏《伤寒之研究》:"伤寒也者,为邪所伤害也,谓邪而为寒,盖古义也,故寒也者,邪之名也,而邪之伤害人,最多端也。""伤寒"就是伤邪,此即伤寒之广义。辨太阳病脉证并治上第六条:"太阳病、发热而渴,不恶寒者,为温病。"先生特为辨识:"寒温由外层太阳寒水区域内犯,则同为伤寒水的皮毛,即同为太阳,同为伤寒。寒温如是,余各气亦如是,此即为五种伤寒的体现……学者须知寒与温的性质,固当分辨,寒与温同犯太阳,其区域部位,并无分辨。……

（一）区域不仅统风寒言，风寒不过举以为例。亦不仅统风寒温，其他各气亦统括在内，所以中湿中暍，均称太阳病。明得整个太阳病，方进入伤寒的大门。

（二）六淫犯太阳，各有各的证象，各有各的脉象，各有各的治法。"

核名以实义，循名以责实。学问之义，夫岂易言！

《难经·五十八难》："伤寒有五，有中风、有伤寒、有湿温、有热病、有温病"，其中"伤寒有五"之伤寒为广义伤寒，五种之一的伤寒，即为狭义伤寒，指外感寒邪，感而即发的疾病。

洎乎两晋南北朝古典精神渐失，陈延之《小品方》："伤寒雅士之称，天行瘟疫，是田舍间号"，葛洪《肘后备急方》："贵胜雅言，总号伤寒，世俗号为时行"，温病，瘟疫糅杂，时行瘟疫与伤寒混称，疑义横生，致令疫与温、疫与寒之辨晦盲。迄至明末清初吴又可《瘟疫论》"疠气"说，独辟鸿蒙。疫与温、疫与寒界畔始清。明孙应奎《（新刊）医家必用类选》："凡风寒暑湿热燥，天之六气自外而中人五脏六腑、十二经络者，四时之中皆谓之伤寒"，其言似明犹晦，舍太阳寒水，而统指五脏六腑、十二经络，不明"皆谓之伤寒"的意义。清程郊倩《伤寒论后条辨》释难经伤寒有五云："伤寒有五之寒字，只当得一个邪字看，上伤寒字是指伤寒论一书，下伤寒字是指寒伤营一证。"只辨析了总纲（广义）分目（狭义），而不晓分目与分目亦有别。近现代以来各伤寒名家及中医院校伤寒论教材多宗程氏已辨已知者止于广义狭义之论。

先生综合各家学说，或吸收，或征引，或辩驳，或弃，或扬，明确提出"伤寒书中名为中风、名为伤寒，是定名示义。书名伤寒与证名伤寒，是同名各义。而风寒温湿暍统隶伤寒，伤寒又总括风寒温湿暍，是分名中的合义，合义中的分名"。太阳篇中昭示风寒温三大纲，太阳中湿、太阳中暍，见于痉湿暍篇，五种伤寒悉备。

先生晚年道："近之回顾，陷胸全篇，为燥火、为湿热，补足五种伤寒；远之回顾，伤寒全书，不待痉湿暍篇……"一语道破仲景天机。

总纲伤寒二字、分目伤寒二字、《伤寒论》书名伤寒二字、书内证曰伤寒二字"应作何解释"，先生连设四问以答疑解惑。"凡邪外犯无论风寒燥暑湿，从皮毛入，伤人最外一层，都是伤寒，所以谓之伤寒有五。仲景伤寒论伤寒二字，亦是各种病邪从皮毛入，先犯最外一层的义旨……书名伤寒，是伤太阳寒水的经气；证名伤寒，是伤阴淫寒疾的寒邪；五种都名伤寒，是指其病的来路；伤寒分为五种，是辨其病的性质。""广义伤寒，即可在此狭义伤寒中求得。太阳病，即是这个太阳寒水最外一层的受病，凡外邪内犯，均要从这个第一层门户经过。书名伤寒，已明明将病的来源道路指出。"一辨伤寒之名，再辨各种伤寒之名，三辨各种伤寒名所含蕴的实，由名称而性质而择别到治疗一气贯之。广与狭洞彻，名与义清晰，分条析理，登叔和之堂、入仲景之室。

三、伤寒六经纵与横

学经典，贵在追根溯源。从源中得到真知，悟出当下乃至今后可以吸取的养分。六经，是《伤寒论》的核心概念、第一紧要处，第一难解之处。以六经为纲研究《伤寒论》，深得仲景精神实质，是研究者成功之所在。

仲景《伤寒论》中有"六经"的字样，准确地讲"六经"就是三阴三阳，即"太阳""阳明""少阳""太阴""少阴""厥阴"的简称。《素问·至真要大论》："愿闻阴阳之三何谓也？"《素问·天元纪大论》："阴阳之气各有多少，故曰三阴三阳也。"六经各自具有多少不等的阴气和阳气，太是大的意思，太阳言阳气强大，故有巨阳之称；两阳合明，明是阳气显著之意。《易经·系辞》注疏："日月中时，遍照天下，无幽不烛，故云明。"故阳明言阳气显著也；少，小也、幼也、稚也、少阳言阳气弱小；太阴阴气量最大；少阴，顾名思义，阴气量弱小；厥有极也、尽也的意思，物极必反，两阴交尽谓之厥，厥阴是阴气少到极点的意思。《内经》用一分阳气、二分阳气、三分阳气、一分阴气、二分阴气、三分阴气来精准量化定义三阴三阳，如果仅仅是个概数亦无不可。根据脏腑经络阴阳气的多少分别用三阴三阳来命名，由此六经总领了十二经脉及其所属脏腑经络以及阴阳、气血、津液、精神的生理功能。

应该强调指出，六经，并非专指经络。伤寒六经基于内经六经，但又有别内经六经，是对内经六经的发展与创新。先生讲："《伤寒》书中规仿《内经》里面的六经，但所叙六经之证与《内经》所叙六经主证不同，欲人由病理探到病机，由病机探到病情，是另出手眼。"

《伤寒论》以三阴三阳——六经作为分证纲领，历代学者以六经、六经病、六经辨证析之，体繁虑周，巨细靡遗，但不免割裂之嫌。王肯堂谓："《伤寒论》义理如神龙出没，首尾相顾，鳞甲森然"，是对伤寒六经分篇优异体系的形象描述。伤寒六经"乃是中医学术本身，构成一个人身机体完整性，机体和环境大自然统一性的优异体系"。中医学是独具特色的医学与哲学，自然与人文融合统一的医学科学，注重整体认知，时间演进，从客观、系统角度揭示了健康和疾病发生发展规律。先生正是以整体性和统一性的方法来认知伤寒六经，并一以贯之的："伤寒六经分篇，具有六个次序、六项阶段、六种性质、六类疗法。昔人谓伤寒以六经钤百病，为不易之大法"，"六经析义，以辨性质为紧要环节，而明察次序、分别阶段，然后归结理知治疗，平列为四，连贯为一"。

太阳寒水，阳明燥金，少阳相火，太阴湿土，少阴君火，厥阴风木。六经赅六气，伤寒以之名篇，但"全书只在病理出入上研究，不在气化演绎上斡旋"。貌似气化，却处处归结在病证上，是实在的六气，实在的六气加临标本，实在的六气的部位。"六气名篇，分六个层次，辨六个性质，别六个证候群，立六个主证治疗法。仲景又别出手眼，重心都放在脉证事实上。是伤寒六篇，不啻为一个简缩实在的六气加临，再以不同性质的六气加在这个不同部位的六经，助抑胜复、制化从化，繁颐莫可纪极"，"内经加临标本，是气化空虚的，伤寒加临标本是脉证事实……气化原理，可以运用脉证，脉证经验又可证实气化。科学深即近哲学，哲学实即归科学"。

《伤寒论》既以六气名篇，即不能避开六气学说。先生称六气学说为"理窟"，即六气义理的渊薮。仲景《伤寒论·原序》"夫天布五行，以运万类"，揭示了伤寒六经与六气的关系。《内经·六微旨大论》："少阳之上，火气治之，中见厥阴；阳明之上，燥气治之，中见太阴；太阳之上，寒气治之，中见少阴；厥阴之上，风气治之，中见少阳；少阴之上，热气治之，中见太阳；太阴之上，湿气治之，中见阳明，所谓本也。本之下，中之见也，见之下，气之标也"（笔者认为，"见"当读"现"，存疑待考），指出了六气标本中见的气化规律。三阴三阳是由六气所化，风化、热化、湿化、火化、燥化、寒化，六气为气之本，三阴三阳为气之标，在标本表里之间为中见之气。中见之气有节制六气，平衡阴阳表里的作用。本之气、标之气、中见之气间的变化就是"气化"，抟之为一，分之为三，玄冥幽微，变化难极。

《至真要大论》："少阳，太阴从本；少阴，太阳从本从标；阳明，厥阴不从标本，从乎中也。""从"，当随从讲，即跟随的意思。

标本同气，皆从本化。

少阳本火而标阳，太阴本湿而标阴，本气和标气的阴阳属性一致，标本同气，故少阳太阴皆从本化。

少阳从本气之火化，太阴从本气之湿化。口苦、咽干、心烦等证，是从少阳之本火气所化；其胸胁苦满，默默不欲饮食乃少阳甲木气机郁勃不舒之象，少阳初萌，阴未尽脱，虽生机盎然，但犹稚柔，其气充盈飙忽，必借赖中见厥阴风阳以温煦，助其生发、升扬。少阳不但从本，未尝不从中见之化，证见头目眩晕，即中见厥阴风木之气的病理反应。

先生就太阴的性质、演变作用，治疗宗依本于《内经》之旨，由生理而病理而治疗，解人难索：太阴在天为湿，在地为土，湿土为六气之一，平气曰备化、不及曰卑监、太过曰流衍。中央生湿，湿生土，其德溽蒸，其化丰备，其政安静，其变骤注，其灾霖溃。土位中宫，交姤水火，间隔金木，四气咸赖土气，土气兼备四气。太阴湿气为宇宙万物所不可缺的要素，不得以湿气即病气。太阴本身，原具寒热虚实基础，病变更不可纪极，息盈消虚，均可于此中探其微奥。湿为阴类，湿淫侵袭，正阳汩没，太阴主湿，太阴病，阴为之，湿为之，故太阴从本湿之化，而吐、食不下、自利等证，未尝无中见阳明。六气均有太过不及，太阴也莫能外，有太过，有不及，有虚，有实。六气胜负倚伏，湿与燥反。湿胜，则燥从湿化；湿不及，则燥反侮湿。脾不实，以胃阳之实为实；胃非虚，以脾阴之虚为虚。阴太过，为湿的正化实；阴不及，为湿的正化虚。阴太过而阳不及，又为湿的对化虚；阴不及而阳太过，又为湿的对化实。足太阴脾、手太阴肺，无金之清，不能成其土之润，化源关系原切。唯就病变实际阐发，不堕虚无缥缈覆辙。示人规矩准绳，空谷足音，所以高出千古。

标本异气，从本从标。

少阴本热而标阴，太阳本寒而标阳，标本异气，或从本化，或从标化。少阴病提纲，少阴之为病，脉微细，但欲寐也。手少阴心，足少阴肾，提纲统手足而言。微细寐三字，凌空着笔，纯在神机气化上斡旋。微是肾气弱，细是心血少，是微细，不是细微。少阴因其标本之阴阳寒热迥异，故气化本、标兼顾、寒热两从。心主火，肾主水，体备阴阳，功兼水火。全篇寒化热化，虚证实证俱有，繁颐杂错，理义渊微奥析。少阴上下水火关系密切，先生衍义："水上滋，取坎填离；火下降，起亟藏阴，天地交成泰，不交成否；水火交成既济，不交成未济。上滋之水，气为用（体阴用阳，水化为气），实际是阳；下济之火，血为体（体阳用阴，火化为血），实际是阴。阴中之阳，安得不热；阳中之阴，安得不少。即此可将热为少阴，阴为热气等奥义抉出；即此可悟颠倒坎离，交妬水火，逆摄化源诸妙谛。"少阴义蕴，提纲精旨从化源处阐发，通体透彻，后学如饮上池之水。少阴病脉证并治，阳微于里，主以四逆；内外隔绝，主以通脉；上下隔绝，主以白通；内外隔绝，而阴阳两伤，主以白通加人尿猪胆汁汤。先生紧扣少阴、阴阳、水火、生理、病理辨析白通加人尿猪胆汁汤证治，"较通脉四逆汤证再进一层，温之不暖，通之不达，阴阳离绝，神机化灭，则非从坎离交姤处拨动神机，无以调燮位育。俾清明在躬，二气再抵于平，救阴救阳，两两未容偏倚。脉暴出者死，微出者生，尿胆所以防其暴，而款之续也"。少阴病，心中烦，不得卧，心火偏亢，肾水耗伤，以泻热益阴，交姤心肾之黄连阿胶鸡子黄汤主之。

少阴与太阳互为中气，不得局限于气化上斡旋，先生教诲在气化上体认，从切实处探究。少阴篇第283条："病人脉阴阳俱紧，反汗出者，亡阳也。此属少阴，法当咽痛而复吐利。""亡"与"无"通，亡阳即无太阳也。太阳之脉紧不当汗出，汗出亦不当脉紧。本条脉紧是少阴邪盛，故其气自外越而汗出；少阴之脉循喉咙，络舌本，其气上冲而咽痛。太阳篇第140条：脉紧者必咽痛也。脉紧、汗出、咽痛而复吐利，水自水而火自火，阴阳隔绝，水火不交，少阴病理昭然。水火同出异名，阴阳互根互换，以道家婴儿姹嫱喻之，抉出少阴气化根源真谛。

以六气的本质论，寒隶太阳，太阳虽是寒，而为阳之最太，简言之，太阳本寒而标热，阳既称太，由阴出阳，其前身是寒水。本身生理本寒而标阳，原有水热，故其为病，或从标或从本，不化热，即化水。大青龙汤证表寒里热，小青龙汤证表寒里水；五苓散证消渴小便不利，为汗下后水病，栀子豉汤证懊恼不得眠，为汗下后热病；白虎汤证热郁气分，抵挡汤证热结血分；十枣汤证鞭满痛呕，水结于上，真武汤证眩瞤擗地，水结于下；大陷胸汤证短气烦躁，鞭满剧痛，乃水热互结，诸痞濡而不鞭，满而不疼，乃水热郁滞，虽未明著标本和从标从本，但在脉证并治上由病理穷及生理，由生理活用疗法，体用兼赅，标本一贯，即《素问》从标从本也。

太阳里面，即是少阴，本寒而标热，气化从标从本，也与中见之气少阴关系密切。桂枝加附子汤证，太少两感证即其例也。

阳明厥阴，不从标本，从乎中也。

阳明太阴，气化标本，互为中见。阳明气化不从标本，从中见太阴之湿化为正局。阳而曰明，形容阳气昌盛，必以阴济之，故随从"中见"之湿化颉颃其燥气。阳明之中气为湿，若湿气不及，则不从中而从本燥化，或从标阳之热化。湿化不及，燥火太过，便可发生阳明病的燥实热证。阳明之上燥气治之，胃家之实皆在一个燥字。凡六淫干犯阳明，其间不无顺逆从违参错处，然燥气的本质不变。阳明从标（阳明）热化，从本（燥气）燥化，从中见（太阴）湿化，燥湿相济得其平而无病。六气胜负，各各倚伏，燥与湿反，燥极而泽，燥胜则湿从其化，脾约是也。燥不及，则湿反侮燥，燥从湿化。阳明太阴互为中气，关系密切，盛衰倚伏，影响迅捷。经论第278条"伤寒脉浮而缓，手足自温者，系在太阴……至七八日，虽暴烦下利日十余行，必自止，以脾家实腐秽当去故也"，系者，萦维连系之意。太阴借阳明以去腐秽。

厥阴的本气为风，标气则属于阴，中见之气为少阳火。厥阴不从标本，而从中见之少阳火气。两阴交尽名曰厥阴，厥者极也，内含物极必反之意。阴气到此已极，阴极而阳生，故从中见少阳火。厥阴与少阳互为表里，少阳为一阳之气，乃阳气之萌动，奠定了阴尽阳生以遂生生的条件。厥阴的特点是阴中寓阳，寒热错杂，阴阳胜复。厥阴从本气之风化，如气上撞心，心中疼热；从标阴寒化，如干呕吐涎沫、头痛；从中见少阳相火，如呕而发热。

《伤寒论》既以六气名篇，就不能撇开六气学说，特别是六气标本中见理论。六经分篇，以明次序、别阶段、辨性质，归结到理知治法，其中尤以辨性质为要。四者平列为四，连贯为一，一气呵成，是为整体，脉证并治，理法方药融会贯通，彻始彻终。构成人身机体的完整性，机体与环境大自然的统一性。

先生提出，一部《伤寒论》，虽然撰用六气气化学理，但不机械纠缠，唯在脉证上下功夫。"六经病变，可于六气求之。如太阳病头痛体痛恶寒，此为太阳本病。如汗多痉急烦热，此为太阳标病。如少阴病脉证用四逆急温，此病少阴标气。如咽干口燥用大承气急下，此病少阴本气。如阳明病发热而渴，大便燥结，病在阳明阳分；如胃中虚冷，水谷不别，病在阳明中见阴湿之化。如厥阴病脉散手足厥冷，病在厥阴阴分；如消渴气上撞心，心中痛热，病在厥阴中见阳火之化。如太阴标阴而本湿，当用四逆辈温化；少阳标阳而本火，当用柴苓等清散"。丁福保《医学丛书》有日本学者吉益南涯《删定伤寒论》，书中将太阳、阳明、少阳、太阴、少阴、厥阴等字样删去，先生读罢痛心疾首，读后感言："味同嚼蜡"，《伤寒论》"原具精华微妙全失"。

有学者提出六经是人体十二经络及其所系脏腑的代名词，"辨太阳病脉证并治"可理解为"辨足太阳膀胱及其经络脉证并治"；"辨阳明病脉证并治"可以理解为"辨胃肠病脉证并治"，"辨太阴病脉证并治"可以理解为"辨脾病脉证并治"。脏腑经络辨证是将脏腑经络可以出现的寒热、虚实、气血、津液、痰饮、水湿种种病证进行归纳、总结、分类，伤寒六经不可能涵盖脏腑经络所有可能出现的病证。脏腑经络辨证缺少病证与病证之间的有机关联，伤寒六经则揭示了六经之间的传经、合病、并病等。

有学者提出以八纲代言六经，三阳病多阳证，三阴病多阴证。太阳为六经之表，其余为六经之里，太阳为三阳之表，阳明为三阳之里，少阳为半表半里；太阴为三阴之表，少阴、厥阴为三阴之里。三阳病多热证、实证，也不乏寒证、虚证；三阴病多虚证、寒证，也不乏实证、热证。八纲辨证是一种纲领性的辨证方法，只是辨别病证属性的大方向，并不能直接指导选方遣药。六经病脉证并治，可以具体确定所选用的方药，一以贯之。

　　伤寒论是以六经所系的脏腑经脉、生理功能、病理变化，尤以各经阴阳气量的多少及六气的性质和变化来揭示病位、病性、病势，确定大体的治则，选方用药。以阳明病为例，"辨阳明病脉证并治"中"阳明病"三字，首先将胃肠病变确定，此其一。"阳明"之义阳气昌盛，"阳明之上，燥气治之"，标明了阳明病以里、热、实为主，以燥热伤津为特点，此其二。进而揭示了阳明病以清、下法为主，此其三。其二、其三若以"辨胃肠病脉证并治"作为篇名，无法揭示。再以"辨太阴病脉证并治"为例，"太阴"阴气最盛，"太阴之上，湿气治之"，故太阴病以脾阳虚衰，寒湿内盛为主，进而揭示治疗当以温化寒湿、健脾化湿为治则，若不以"太阴"名篇，代之以"辨脾病脉证并治"名篇是难以体现出来的。

四、少阳主枢与小柴胡汤

　　"太阳为开，阳明为阖，少阳为枢；太阴为开，厥阴为阖，少阴为枢"，出自《内经灵枢·根结》及《内经素问·阴阳离合论》，皆在深求经气的根源，经气的归结，突显经气枢纽关键。先生提出："开阖枢之句，开古作关，开字意义，不如关字具体。且作关，方与原书上文折关败枢，开阖而走，连贯解说得去。若从阖字字面，对此易作开，犹浅矣。"关，以木横持门户也。金文作"門"，象门里有门闩形。闩，横插在门内使门推不开的木制或铁制器物，卫气者所以司开合者也，即指此。门是门关、门阖、门枢三部分组成，《素问·皮命论》"阳明之阳，名曰害蜚"即门扉、门扇、门板；"少阳之阳，名曰枢持"即门脚、门轴；"太阳之阳，名曰关枢"即持门户的横木、门闩。中医学比类取象，运用古建筑学名词帮助学者领会经气从出、萃归根结，明其所自始，抉其所转归。折关、败枢、开阖从汉语语法分析，三者皆属动宾词组，折、败、开为动词，关、枢、阖为名词。折——折损，败——败毁，开——开敞。伤寒学者运用于六经脉证并治，借以阐扬神机扭转之义。真知道者，为知事理之因；善治疗者，必治疾疴之本；擅以轻拨重者，必絜枢纽之机。关、阖、枢之义，至广至衷，宜活看。明了三者之间的关系，辨析三者之间的倚伏，重点在始终紧握枢纽。中医学术基本，"无论为生理为病理，在均以脏腑为前提。外应生理如是，外应病理如是；内之应外如是，外之应内亦如是"，"开阖不利，全赖少阳为枢以为之枢转，以少阳主枢为重心，以枢机利开阖，不以开阖累枢机"，"少阳不仅为阳枢，且为三阴三阳之大枢"。唐容川："少阳之界，出则为阳明太阳，入则为太阴厥阴。病邪即可借少阳的枢转以入内，治疗即当借少阳的枢转以出外。"

《伤寒论》第270条"伤寒三日，三阳为尽，三阴当受邪、其人反能食而不呕，此三阴不受邪也"，先生揭示出"少阳殿三阳之末，为阴阳出入门户。了解三阳为尽之尽字，即了解三阴当受的当字，并可认识到阴阳门户的性质规律"。

胆者，中正之官，决断出焉，十一经皆取决于胆。胆腑功能甚大，关联整个全体，十一经取决于胆腑一经。手少阳三焦，内经谓三焦发源肾系，内连脏腑，外通皮毛，五脏六腑，皆归三焦连系为一。"三焦膀胱者，腠理毫毛其应"，三焦气化，水道从出，水往下行，火往上行，水化为气，水之流行，水之汇聚，水的下出，水的化气，绘出一派活泼泼神行景象。

帝出乎震，由阴出阳。一阳初生，显露无限生机与活力，蒸蒸日上。少阳为嫩阳，资始幼稚，充盈飘忽无定，脉亦大乍小，乍长亦短，五脏六腑，腠理皮毛，内外上下无所不到。游者，流动，不固定也，故以游部喻之。胆为中正之官，主决断，十一脏取决于胆。决断的中正性恰如史前巫觋占卜决断氏族部落事务，立圭表测景，观象授时的功能，表正于中。

《伤寒论》第267条："三阳合病，脉浮大，上关上，但欲眠睡，目合则汗"，先生诠释："浮而上关，则太阳难乎为开；大而上关，则阳明失其为阖，开阖不利，全赖少阳为枢以为之枢转"，"此条三阳合病，以少阳主枢为重心，……提纲口苦、咽干、目眩，曰苦曰干曰眩，乃病理的由内而出外，而此之但欲眠睡，目合则汗，则是神气由外而入之内，而邪正相乘，又由内而出之外。开阖不利，固影响神气，神气匮乏，亦困于开阖。前言邪气出入，此言正气出入。目为命门，言为神气，游行出入所开窍，人寐则魂藏于肝，醒则神寓于目，病理与生理和勘，尤为更推进一层"。结合生理病理，紧握重心，昭示微言，阐扬大义，是为善学习的典范。笔者"既未能亲炙问难，而唯于手泽遗留，多方寻求，冀得其涯涘"。

《伤寒论》第96条太阳的柴胡证，病的区域仍在表，病的机窍已牵涉到表中之里。陈修园说："小柴胡是太阳病之转枢方，阳明及阴经，当借枢转而出者亦用之。少阳主枢，谓少阳之方，无有不可，若谓少阳之专方，则断断乎其不可也……论中露出柴胡证三字，直截明白指示，究竟柴胡证，何尝是少阳证耶"。持中而论，柴胡证为少阳病正证，小柴胡汤为少阳病正方，少阳病不仅局限于柴胡一证，亦不局限于小柴胡汤一方，正是少阳为游部的生理病理所决定的。

少阳为游部，腠理皮毛，五脏六腑，因之活泼泼一片化机，生理所向，灵动流变，无远弗届。《朱子语类》卷十三："若得胸中义理明，从此去度量事物，自然泛应曲当"，强调了读书治事，把握义理的重要性及其工具价值。

《伤寒论》第266条，太阳转入少阳，"胁下硬满，干呕不能食，往来寒热，尚未吐下，脉沉紧者，与小柴胡汤"，"证是少阳确实的证，脉是少阳确实的脉，方是少阳确实的方"，先生连用三个"确实"以验明少阳正证、正脉、正方。《伤寒论》第96条："伤寒五六日，中风，往来寒热，胸胁苦满，嘿嘿不欲饮食，心烦喜呕。或胸中烦而不呕，或渴，或腹中痛，或胁下痞硬，或心下悸，小便不利，或不渴，身有微热，或咳者，小柴胡汤主之"，条文后详备著录方药。"太阳篇旁及柴胡证犹曰主之，少阳篇正出柴胡方，反曰与之"，几若倒置，意旨安在。有伤寒学者主张将太阳篇中辨柴胡证的条文移入少阳篇中，以整齐划一，先生评论："致令活泼泼灵透化机，改成形式主义死板板的教条。"柴胡证为少阳病的主证，柴胡汤为少阳病的主方，欲知柴胡的药理，须先明少阳的生理。少阳生理繁颐，病理广袤。少阳为游部，一身上下内外，不能限也；是少阳胆，主决断，十一经取决胆一经；实有取决之路道，决如决水。决之则行，流行之谓也，少阳为枢，实有枢之境地。"少阳主枢，可以外枢，可以内枢，可以上枢，可以下枢……生理可由内而外，病理即可由外入内，治疗即可由内达外，上下亦然。外枢是少阳连系太阳，内枢是少阳连系阳明，所以谓之半表半里，所以谓之少阳为阳枢。不过在治疗方法上，外枢尤为重要，外枢而不能出，则下枢亦不可下，外枢为正法，下枢亦为正法。"

第96条是太阳病的柴胡证，不是柴胡的少阳证，病邪借少阳的枢转入内，治疗即当借少阳的枢转以出外。太阳病的柴胡证，不是越传递传并病合病的关系，太阳总统诸阳，太阳有阳明证，太阳有少阳证。柴胡证的太阳病，不是少阳病的柴胡证，是病的区域在表，病的机窍牵涉到表中之里。病的区域（病位）和病的机窍（病机）是实质、是核心、是决定性因素。病位、病机是一个复合型概念，与《周易》"时"有类通。"时"不是一个单纯的时间概念，是一种由时间、地点、条件所制约的，具体的情境或客观的形式。柴胡证为少阳病的主证，柴胡汤为少阳病正方。少阳可以包罗柴胡证，柴胡证不可以括尽少阳，少阳其义广，柴胡证其义狭。少阳病不能局限柴胡一方，如柴胡加桂枝汤、柴胡桂姜汤、柴胡加龙牡汤、柴胡加芒硝、大柴胡用大黄等等及方注七项加减。少阳的生理不能局于一个式，少阳的病理亦不能局于一个式。义理为讲究经义的学问、经论泛论包举，少阳篇语意浑括，界畔、义理分明贯通，少阳的深层治疗义蕴亦跃然纸上。先生明示"吾人读古人书，须先识大体，再穷研其精蕴，高瞻远瞩，庶得其书中之书，法外之法。本条为然，本理为然，经论全书，亦何莫不然。"连用三"然"字，其心之殷，其义之切，其情之真，沛然于简编。太阳病的柴胡证，小柴胡汤主之，少阳病的柴胡证，小柴胡汤与之，旁出"主之"，正证"与之"，疑窦重重。先生就少阳生理、病理、治疗从义理探之甚详，晰之甚明，息争止讼，厘清歧见。

不揣冒昧，后学试从语义学角度抛砖。太阳病的柴胡证，见仁见智，议论纷纭，仲师一锤定音，是则是矣，故曰"主之"，意在强调毋庸置疑，"主之"在语义学上有斩钉截铁的效果。少阳病的柴胡证，理重事复，递相模教，相沿成习，水到渠成，故曰"与之"，在语意学上有顺理成章的感觉。

先生读书，主张在无字处求精神，欲求无字之精神，"须先求有字之正确训释"。

《伤寒论》第101条："伤寒中风，有柴胡证，但见一证便是，不必悉具。凡柴胡汤病证而下之，若柴胡证不罢者，复与柴胡汤，必蒸蒸而振，却，复发热汗出而解。"先生对服小柴胡汤后正邪相争，正气奋起抗争，正胜邪却，战汗作解的过程，引用了《尚书·说命篇》："若药不瞑眩，厥疾弗瘳"描写正邪分争，两不相下的病势。《周易·蛊象》"君子以振民育德"、《礼记·月令》"（孟春之月），东风解冻，蛰虫始振"，训"蒸蒸而振"的"振"。《春秋》：孔子却莱兵，《孟子》："却之却之为不恭"训"却"。提出"却"字，当自作一句读，训退、训止。蒸蒸而振，却（又复退止），复发热汗出而解，将邪实正虚、正伸邪退景象描写得十分逼真、生动。经文仅"必蒸蒸而振，却，复发热汗出而解"十三个字，先生从传统文化经典《周易》《礼记》《春秋》《尚书》《孔子》中信手拈来训释，俱得天成，国学积淀之厚重，令人叹为观止。行笔至此，忆及《冉氏易理·蛊》"闭者开之，利用振，开者闭之，利用育，振也育也，顺阖辟之机缄，中动静之奥窍，医人医国医天地，均此道也"。

小柴胡汤为少阳病主方，少阳病治宜和解，此为中医学术千百年之共识。先生从少阳的生理、病理，从柴胡的性、味、功用，从小柴胡汤之方义分析，为少阳病立法，提出少阳病只宜清法和解。清法中的和法，为少阳病正确方针，小柴胡汤清解法，为少阳病清解的剂命题。其理颇渊微，殊耐探索。

少阳为一阳，乃阳之初生，阳自然少，曰幼阳，曰稚阳。蓬勃向上，充盈飘忽，不卑不亢，凡十一脏之新陈代谢赖少阳温煦长养，促进调节。少阳之上，火气治之。少阳气火，乃丽木则明之火，非赫羲炎岗之火。《周易·离》"柔丽乎中正"，柔和之德，附丽于正道，"日月丽乎天，百谷草木丽乎土，重明以丽乎正，乃化成天下"。离为火，上火下火，太热太明太刚，故强调柔德，以柔济刚，则"柔丽乎中正，故亨"，教人中道而行。少火生气，风火清畅，生机调达，少阳应保持少火生气的状态，否则风起于青蘋之末。伤寒是一个实在的六气加临，少阳为火气，风自火出，以阳化之风，加诸主火的少阳经上，壮火食气。"火在少阳，如火之始燃，炎炎之势，当遏于荧荧之始，讵必燎原炎岗，焚如弃如"。荧荧，指小火。《六韬·守土》"涓涓不塞，将为江河；荧荧不救，炎炎奈何？"宋司马光《进五规状》"燎原之火，生于荧荧。"《周易·离》九四，突如其来如，焚如、死如、弃如。"如"，相当于"然"，结构助词，意指某类（种）状态。"焚"，燃烧，"弃"，抛弃。"焚如"，指灼热，暴燥有如火焚，"死如"，指大祸临头以致丧命，"弃如"，指名誉被毁，遭到唾弃，消毁不存。"焚如""死如""弃如""突如其来如"概指"风火相煽，炎上横梗"的状态。息盈消虚，柔丽乎中正。柔丽即清法，中正即和法。

先生反复提出：柴胡气味苦平（别录微寒），主心腹胃肠中结气，饮食积聚，寒热邪气，推陈致新，久服明目益精。甘而微苦，乃少阳从阴出阳之象，微苦微寒，乃正清少阳微火。其臭香，乃合于火郁发之之义。柴胡是为清药，不是温药；是降药，不是升药；是和里药，不是和表药，善用者可清可温，可升可降，可和表可和里，可和里可和表，疏里以达外，清里以彻热，小柴胡汤用为主药。

　　伤寒病热，少阳主火，火热相值，升扬浓郁，法当清火。火有虚寒，"若邪在半表，则制小柴胡以解虚火之游行，大柴胡以解相火之热结"（柯韵伯）。小柴胡汤为少阳病清解的剂命题与少阳的生理是一体两面，足少阳胆、手少阳三焦，其生理联系、功用至广至大至要，五脏六腑气结，少阳气结；少阳气通，五脏六腑气通。少阳不仅为阳枢，更为三阴三阳之大枢。小柴胡汤列七或然证，方注下附八加减法，多就少阳里证言，方治是外枢，亦是内枢，病邪借少阳的枢转以入内，治疗即当借少阳的枢转以出外，以少阳枢机利开阖，居间斡旋。"蒸蒸而振，却，复发热汗出而解"，"上焦得通，津液得下，胃气因和"，不汗之汗，不下之下，知其不可汗不可下，乃知其所以汗所以下之然。小柴胡汤和外，亦可和内，并可和内以和外，全在用者恰如肯綮而各适其应。《伤寒论》为能用其法者示其意，非为不能师其意者空立法，在学者领会到如何程度。

第五章
战乱烽火中的本草溯源

一、一身系文脉，原典溯源注《本经》

殷忧启圣，多难兴邦，万县的董家岩，战时的李庄，承继绝学，维系岐黄。

一九四一年，中国抗日战争进入了战略相持阶段，为赓续中华本草命脉，守正以创新，先生放弃收入不菲的门诊，在万县董家岩避难处，对古典本草（即《神农本草经》）开启了一次追根溯源、开疆拓土的考校。

国破山河在，岩倾草木生。

一身系文脉，铁笔注《本经》。

大同济元元，先生古仁心。

《冉氏本草》原名《大同药物学》，全书共十八卷十九类，载药264味。自序中有书成"冉雪峰自序于万县董家岩之避难室。时民国三十八年八月二日也"。据笔者考证，先生于民元因国事系狱，经多方营救获释后，杜门谢客，专致于中医药学研究。《武昌起义档案资料选编·下卷》冉剑虹事略载，先生出狱后，"拟将前著《灵素外传》《本草发明》各书，续而成之"，从而可以推论先生对古典本草的溯源之旅发端于辛亥革命前。追根溯源、开疆拓土是奠基于长期的学术理论储备与临床经验积累基础之上的。

《冉氏本草》开宗明义，"中学以最古为忧，西学以最新为忧。神农本草尚已，其创制尚在文字未兴之前，古莫古若。然无文字何以撰著？此盖师承口授，继继承承……盖其书虽成之后人，其义实缘于隆古，不敢掠美，仍追溯所自，署归神农"。"隆古"，先生界定为"文字未兴以前"，即现存文字出现以前的历史时期，上古时期。

黄元御《四圣医源》有张琦序："医学盛于上古，而衰于后古。自岐黄立法，定经脉、和药石，以治民疾，天下遵守，莫之或二。"吕思勉《先秦学术概论》："论先秦学术，实可分为阴阳、儒、墨、名、法、道德、纵横、杂、农、小说、兵、医十二家也。……先秦诸子之学，极为精深，果真起自东周，数百年间，何能发达至此？且诸子书之思想文化，皆显分古近，决非一时间物，夫固开卷可见也。"梁启超在《论中国学术思想变迁之大势》有一段文采飞扬、生动形象的描述："九流十家、继轨并作。如春雷一声，万条齐茁于广野；如火山乍裂，热石竞飞于天外。壮哉壮哉，非特我中华学界之大观，亦世界学史之伟迹也。"

历代文献中不乏神农尝百草以医民恙的记载，西汉刘安《淮南子·修训》："神农始教民播种五谷，相土地宜、燥湿肥饶高下，尝百草之滋味，水泉之甘苦，令民知所避就。当此之时，一日遇七十毒。"晋代皇甫谧《帝王世纪》云："炎帝神农氏……尝味草木，宣药疗疾，救夭伤人命。"

地下考古的发现也提供了翔实可靠的实证材料，1972年至1974年马王堆汉墓考古发现了10余种中草药：茅香、佩兰、辛夷、高良姜、桂皮、马兜铃、藁本、花椒、姜、朱砂。2016年1月20日《北京晨报》报道："当今医药界广泛使用的麻黄，早在3800年前，罗布泊地区的居民就广泛使用了。中国科学院大学人文学院考古与人类学教授杨益民日前对新疆小河墓地区出土的干尸头发进行了分析，发现里面有麻黄碱、伪麻黄碱等成分，证明当时的居民就已食用麻黄。在小河墓地区许多墓葬中都发现了随葬麻黄的现象。"农耕文明初期，中原黄河流域古人观测绘制的河图洛书与负阴抱阳的太极图，以符号系统表述科学医学理论在先，文字撰述在后。

古典文献和文物考古研究共同证实：早在文明的胚胎时代，华夏先民重实际、重经验。遵祖以为先例的医药实践活动已在东亚地区呈现出一派满天星斗欣欣气象。先生提出"中学以最古的为优，西学以最新的为优。神农本草尚已，其创制尚在文字未兴之前……精确处后无来者，每与近代科学暗合，甚有科学发达之今日，尚有未企及体到处"，诚为学验卓越的认识，后学者不要一目带过，妄自菲薄。

据先生考证，《神农本草经》（以下简称《本经》）成书于东汉以前，因汉、晋兵燹、文籍焚麇，南朝陶弘景将所存断简残编辑成，载药365种，"自是而后，代有增益，别录增至730种"，是汉魏以来名医用药经验的集录，名之《名医别录》（以下简称《别录》），辑者佚名。先生临床用药十之八九为《本经》《别录》所载，认为"精确处后无来者，每与近代科学暗合。甚有科学发达之今日，尚有未企及体到处"。"除别录得其遗意外，余均望尘莫及"，明·李时珍《本草纲目》载药1872种，功不可没，然"纲目不过汇书，对于药之义理，贡献尚浅"。

在古典本草领域，先生是极为少见的具有自己学术理论语言的学者，探寻古典本草，回归古典本草意义上的维度阐释，回到原典探源性发掘，以一己之力毅然开启一个人的文化学术征途。古典是隽永的，古典的生命在于内涵的意尚深远，既不是单凭知识积累能达到的，也不是仅靠理性思考可以抵达的。古典本草的意尚和精神底蕴，是在数千年生产生活实践中不断淘洗、沉淀下来的，是天之经、地之义、民之行，天人合一，浑然天成。先生用慧眼仁心传承古典本草具有与胚胎时代相通的天赋和鲜灵的思想。古典本草学术生命的元气是否丰沛，在于能否回归胚胎时代的能力和天赋，古典本草精神义理是否丰富，在于能否重返其原始的萌芽状态。《本经》之为经典，是中华文明的童年馈赠。

魏源："君子之治学也，无三代以上之心则必俗；不知三代以下之情势则必迁。"《冉氏本草》"专究义理，于古，则昭示东方最早之文化；于今，则领受西人科学最新之洗礼，撷中西之长，会古今之通。中医西医化，而不盲目从西医，中药科学化，而不盲从科学，其亦不无小补于近代化中医之用焉。而尤有进者，不唯中药当西药化，西药亦当中药化，不唯生药当科学药化，科学药亦当生药化。所以然者，凡百学问不能彻底，科学亦有时而穷。如科学化验，知人参中含巴那规伦，然巴那规伦果可代人参乎？其不能代者何在？科学化验知鹿茸中含安母尼亚，然安母尼亚果可代鹿茸乎？其不能以代者又何在？麝香成分为呈自挥发性未详之有效成分，及脂肪、胶质、蛋白质、纤维、无机盐类等，近代科学人造麝香，然能供化妆之用，而不能供有效药物之用。石膏成分为硫酸加尔叟谟，此外杂有硅酸、岩土、氧化铁等，近有科学人造石膏，然只能供工厂制造之用，亦不能供有效药物之用。大抵式样能造，真髓不能造；形质能造，元神不能造。西药中药化，则可深得药物之真髓，科学药生药化，则可免失药物之元神。可见科学药有科学药长处，天然药有天然药的长处。西医善用科学药，中医善用天然药。中医的长处，在用天然药；西医长处，在用科学药。欲兼二者之长，讵不当二者相互化合耶，学者于此猛下一参。始则中药西药化，得科学之实验；继则西药中药化，妙天然之生化。由绘古今奥折，打破中西牢笼，庶药学更上一层楼。即将来中药整个全归化验，析其成分，明其性质，定其用量，此项原理，仍当采纳含融于其中，否则截断古圣哲深邃之学理，其事小；而失却药学深层真精神，其害大。本编之作，即此物此志，学者领悟斯义，庶不负斯编期许希冀药学大同之真意"。

钱穆《中国历史研究法》："我希望将来有人，能将中西双方学术思想作一更高的综合，却不该先自菲薄了自己的"，"我希望在今天的中国，能有少数中的少数，他们愿意抱残守缺，来多学多懂一些中国学术，来对中国历史文化理出一个头绪。这不仅对中国自己有贡献，也可对世界人类有贡献"。先生为中医而生，以生命为中医，视中医为生命。中医之于先生，既是信仰，又是终极关怀。念念于兹，切切于心的是昭示东方最早之文化，领受西人科学最新之洗礼，撷中西之长，会古今之通，继往开来。人与天地参为明道之极功，物与天地参乃稀世之珍品，先生提出不唯中药当西药化，得科学之实验，西药亦当中药化，可深得药物之真髓；科学药物生药化，可免失药物之元神，于古老医学做青春学问。

"最古的"不仅仅是一个时间命题，更是一个学术原典的概念，是学术哲思生发的大江之源。"真髓""元神"这些概念是中华母文化哲学智慧和中医药学基础理念、临床实践的结晶。时下业界囿于专业分工，不轻易涉及中医学术文化的来源和早期史，轻慢中医文化学术原创思维。与西方医学相撞，中医学成了"文明的碎片"。一个民族传统文化、学术碎片化，带来的问题不仅是对文化、学术自身的损害，也影响着民族素质的下降。先生已然独立地开启了一个人的文化学术溯源，回到原典，探寻本义。溯源是双向的，与时竞进，吸纳新知，接受洗礼，培壮根本，守护主体。独立的创造性溯源缘自文化的自觉，缘自学术生命元气之丰沛。

物物而不物于物，"中国药理学治疗学所以尚能与西医争最后短长者，其精蕴皆于此"，"方今药学趋势，固重成分实质，然实质有时而穷，气化原理，亦有反足有为补救者，在学者事因其理，理求其是，以归于至当"。《素问·阴阳应象大论》把形气转化的生命代谢过程归纳为"味归形，形归气，气归精，精归化；精食气，形食味。化生精，气生形。味伤形，气伤精，精化为气，气伤于味"，是关于形、气、精、化的经典论述，先生坚守要义，昭示经典义理，入乎其内，又能灌输新知，出乎其外。

始终坚信义理具有永恒价值，终其一生建立自身的学术主体性论述，参与中医与世界文明的对话，这是《冉氏本草》的一大学术特色，即"专究义理"，式样、形质、真髓、元神之辨，集中体现了先生学术愿景的宏阔远大，拓展了来者认真思考的空间。

按中反复阐扬义理："麝香近嗅不香，远嗅则香，香久不散，香远益清，别饶一种妩媚。且其生理特殊，结自脐及下阴二腺囊之分泌，在麝鹿身中未取得时，腥秽殊甚，是其香乃由臭中透出……至香之物，而出之至臭，煞是奇异。又脐内曾经吸入蜂蝎蜈蚣腐烂者，名红头麝，品贵；蛇首腐烂其中者，名蛇头麝，为极品；寻常则吸卷蚊蝇蚁蚋，为草头麝。大好解毒之物，而出之大毒之物，更难索解。意者香臭同出一源，有毒无毒，同归于化耶。抑香极则臭，臭极则香；有毒化无毒，无毒又化有毒耶。其成分即科学所未明，其理性亦常解所难通……查猎者获麝鹿，割取麝囊时，因香气峻烈，须先以布帛遮蔽口鼻，然后割取，否则往往头痛，甚或致死。是麝香过量，亦能麻痹神经。然在药物治疗上，则仅兴奋而不麻醉，故为芳香性神经药中之最清纯者。中医多用于外科方剂，是侧重解毒方面，西医用于醒脑回苏，是侧重芳香窜透方面，而准以上述香出于臭，化毒出于有毒。脐为先天呼吸道路，下阴部与脑下垂体关系密切，其切要效能功用，尚待于学者进一步之研究矣。近代有人造麝香,大有麝香之香气,而无麝香之性能,是麝香之天然优性,尚未能真正模拟仿造也。近时贱生药而重科学药,孰知科学有时而穷,科学药亦有不能代替生药者,麝香其一端也。故中药将来科学化,完全走向化学途径,转而供世界医药之用,而此项生物优性所在,亦未能任其切断损失者,乃固当设法保留阐扬。

"灵砂,较用朱砂为稳妥,此科学药之优点也。然灵砂是人工炼制,朱砂是天然生成。用人工之灵砂仅用其质,用天然之朱砂兼用其气。大好神化无方之灵物,而仅用其质,岂非药不限于机械,而用药者反限于机械乎。进而求之,天然产朱砂,以天地为炉,以阴阳为炭,胎孕石座,如北辰居所,众星拱环,外刚而内柔,体阳而用阴,萃会婴姹,交济坎离,精英未漓,道法自然,是天然纯洁之朱砂,较人工炼制纯洁之灵砂尤为优异,此即中法用生药之优点也。同时天然产,而水井较火井为优,山阴较山阳为优,可征其不宜于人间烟火矣。道地佳品,十觔可炼汞十觔,甚至八觔反炼十觔,科学所谓含水银八十四者,亦将打破,似此启寻常知识所可窥及。物质固当实验,气化亦宜深求,二砂优劣,与此可见。学者猛下一参,当会心不远,全编均作如是观可也。"

中医学义理,究人与天地所以共同生。中医学终极旨归:"变化气质,复其本然。"物得气之偏,人得气之全。人病而气失之偏,则赖物之偏于对化者克制之。物偏甚则有毒,偏于阳为阳毒,偏于阴为阴毒……形上为道,形下为器,气化实质,两两可以合一。故论药而徒守形质,尚成机械作用,论药而兼论气化,乃如神化境诣。凡此均事实最确,理解甚透,不得纯以气化空谈目之也……况各物之受气不同,即各物之奏效各异,奇奇怪怪,匪可思议。唯能尽物之性，以尽人之性，然后能以物之偏疗人之偏……在学者事因其理，理求其是。……天地生材，参错化合以穷其妙；古人格物，反复推勘以尽其性，学者得其奥窍，可以运用不穷矣"。半个多世纪以来，先生的慧识慧见，良苦用心在一波又一波形式各异、旗幡各殊而实质雷同、震金作鼓的废医存药浪潮中杳然沉寂。先生个人的才气、流品、学术谱系被一次又一次伤害、截断，离我们的原典越来越远。我是谁？从哪里来？到哪里去？

在抗击新冠病毒一役中，中医药领域的有识之士作出了回应。由明末清初西学东渐到五四运动以迄今，中国文化主体性丧失，几乎每个领域/中医药学全面沦陷。"中医学研究范式受西方医学影响，对标准化、模型化的追求达到极致，中医药学研究的深度被等同于标准化、计量化运用的深度，过度滥用计量化、标准化，工具越来越精巧，便更没有思想、没有理论，更加碎片化，丧失了中医文化学术内在的思想启迪性，'拾人涕唾'，成为西医的奴婢，是时候反思中医学研究中的乱象了。中医学本身的不确定性，是难以计量的，滥用计量，会出现正确的工具得出错误的结论。研究中缺乏中国的人文元素，缺乏中医'标识性'概念，必然缺乏具备自主设置'议题'的能力，缺乏中医学的主体性和自信力，中医学永远是'他者'和'描述性对象'，陷于被动解释性的话语陷阱。循证医学基本是废医验药的路子，中药离开了中医理论基本上是无效的，要么就不是中药了。"

此次新冠感染中医首先是根据中医理论辨证识病：寒湿疫，寒湿犯肺、顺传胃肠、逆传心包。干预思路是解毒化湿、清热平喘，兼以降浊通腑、益气通络。中医药文化跟其中华文化母体一样底蕴愈厚、意涵愈醇。中华文化母体的思想乳汁哺育、滋养中医药学。中医学只有在中华文明范式的框架内才能获得合理的阐释和精到的理解。

二、药理、病理、治疗、生理互启互阐

药理、病理、治疗、生理交融，互启互阐，是《冉氏本草》一大学术特色。《本经》被公认为我国现存最早的药学著作，对其研究，先生有自己独特的学术视角且别开境界。书中一以贯之以药理推阐病理，以生理解释病理。由药物以识治疗，由治疗以明病理，由病理以识生理，由生理以定治疗。药理学、病理学、生理学、治疗学融合贯通，内、外、妇、儿科互启互发，浑然天成，一部《本经》"药物可旁通病理，旁通方剂，从药学方面得到医学全部之精粹"，"几伸到医学各类全部"，与秦汉以前中华传统文化文史哲融合特征一样，不接受现有的学科研究范式所规定的界线。

物之生谓之化，物之极谓之变，阴阳不测谓之神，神用无方谓之圣，"神用无方"即不受规定界线的束缚，尽物之用，尽人之性。先生明示，药物之功用不止一端，且随生理病理以为化合，泛应曲当。以药和病机，以药协方义，方为善药。"善治者，运药之本能，体察病的素质，方随病化，药随方化，何有于寒，何有于温，何有于寒温之偏执，物物化化，三十六宫俱是春。功愈推愈弘，法愈广愈精"，"大抵药物之功能，随病理关系而起变异，亦如化学两个异体之化合然。寒因寒用，热因热用，通因通用，涩因涩用，其始则同，其终则异。故科学真知道者，在知事之因，而医学善治疗者，在得病变之果。明此，则不唯方成无药，而且病成无方；不唯以药治病，而且以病治病"。

克服刻板僵化的认识，激活鲜灵的思想，中医药学思维的精髓，就是以中华智慧的最高境界——哲学为主导。

《本经》载酸枣仁、山茱萸能补、能泄、能涩，以阴柔药而开痹散结。先生结合药理、病理、生理、治法推阐，"邪热壅遏，肝之疏泄失司，阴液不濡，机括窒涩，筋腱鞕化，关节炎肿，痹病积聚由此而成。温化则肝阳愈肆，辛通则肝阴愈竭，唯酸枣仁柔润，庶相安济"。"气泽亢熯，分泌必减退，筋腱强硬，机括壅塞，温燥既益张之焰，苦泄又更竭其阴，唯山茱萸味厚质浓，能刺激淋巴，增加分泌，柔和神经，戢敛孤亢——液注则气注，而隔绝萎顿之中可以温，中和则四末和，而寒湿所成之痹可以疗"。

风寒湿三气合而为痹，风胜为行痹，寒胜为痛痹，湿胜为着痹。古人治痹之方，多从辛温立法。当风已郁热，湿已化燥，肢节痹痛，转为关节红肿。徐灵胎、喻嘉言、叶天士等先贤从《本经》悟出甘寒通络开痹一法，予以甘寒润液，柔筋透络，为痹证治疗开一新途。先生受《本经》枸杞"苦、寒。主……周痹、风湿"，牛膝"苦、寒、平。主寒湿痿痹，四肢拘挛"启发，由药理推识治疗，由治疗推识病理，悟出苦寒开痹通经络，"盖风湿热合而成痹，系言其因，既成而化，成关节炎，系言其果。未化热，则辛温足以治之；既化热，非甘寒润液、柔筋透络不可。而热甚关节炎鞕，液汁灼干，非苦寒不足以折之"。湿热蕴结，消骨烁筋，甘寒之力不及苦寒之大，留得一分阴汁，即保存一分生气。苦寒，主伤热火烂，是正治，治寒湿痿痹是从治。病即由寒湿而变炎热，则药亦由从治而变正治。何谓由药理可悟病理，此并由正面之病理悟到病变之病理矣。

"药物之功用不只一种，而方化阴阳，通于无穷，用药之方法，亦不只一途……智者见之谓之智，仁者见之谓之仁，神而明之，存乎其人……会而通知，头头是道。若画地自限，局于一说，则类书而已，印板文字而已。"

白术味苦而甘，其性温，其臭芳香，为除湿醒脾，斡运中气之品。《本经》：白术"苦、温。主风寒湿痹，死肌、痉疸，止汗、除热、消食，作煎饵，久服不饥延年"。本品非收敛镇降之品，亦非黄芪实表可化，何能止汗？本品性温，温为热类，何能除热？先生由治疗推阐病理，"脾阳下陷，里气不摄，此等汗，当以白术之补中升陷者止之。除热者，乃大气下陷，里失所御，外不调摄，虚气怫郁，窒填反应，因而发热。白术升阳实脾，化机斡旋，里气既运，表气自通，里气自充，表气自含"，甘温除大热，东垣补中益气汤，即此义也。人以脾胃之气为后天之本，饮食失节，劳役过度损耗脾胃，脾胃一虚，阳气下陷，阴火上乘，则现汗出、发热诸症。内伤脾胃与外感风寒之证颇同而实异，内伤脾胃，乃伤其气，伤其气为不足，不足者补之，不得误认作外寒有余而反泻之，唯以甘温补其中、升其阳。所谓"阴火"，即气虚火不安位之"火"，表现为气虚发热的病机，治当补益脾气、引阳气上升，此乃"医中之王道"。

麦冬，《本经》谓甘、平，主心腹结气，伤中伤饱，胃络脉绝，羸瘦，短气，久服轻身不饥。先生昭其功曰：滋胃液而柔神经，润宗筋而濡经隧，其形贯通，其质柔润，以补为通。结者可开，伤者可复，绝者可续，诚中和清纯之品。"味甘过人参，而补益不及人参之峻；多液似地黄，而黏腻不及地黄之浓。补益而性缓，滋而质清，其宜补不宜参之补，宜滋而不宜地黄之过滋者，此为合拍。"

先生从中医脾胃学说发展脉络高度评价薛生白、叶天士在东垣"益元气、泻阴火"理论基础上，提出"养胃阴"的论点和方法，完善和丰富了脾胃学说。"大抵薛叶派习用滋补，不免流于庸腐，然于健脾阳之外悟出养胃阴，及阐发制节得行，清肺气则肿可消，和胃柔肝滋胃液则风可息，实为突过前人。"

薛生白《湿热病篇》：湿热证，四五日，口大渴，胸闷欲绝，干呕不止，脉细数，舌光如镜，胃液受劫，胆火上冲，宜西瓜汁、金汁、鲜生地汁、甘蔗汁滋养胃津，清阳明。磨取郁金、香附、乌药取其气散少阳之邪，避香散耗液之弊。

《临证指南医案》卷三脾胃门共29案，其中胃阴伤7案，不饥少纳，或不饥不纳，或知饥少纳。予麦冬、生扁豆、玉竹、生甘草、桑叶、大沙参、金石斛、川贝、枇杷叶、生白芍以清补、清养。腑以通为补，以甘濡润胃气下行。

华岫云对《临证指南医案》脾胃门有一段精彩的点评：

"凡著书立说，竟将脾胃总论。即以治脾之药，笼统治胃，举世皆然。今现叶氏之书，始知脾胃当分析而论。盖胃属戊土，脾属己土，戊阳己阴，阴阳之性有别也。脏宜藏，腑宜通，脏腑之体用各殊也。若脾阳不足，胃有寒湿，一脏一腑，皆宜于温燥升运者，自当恪守东垣之法。若脾阳不亏，胃有燥火，则当遵叶氏养胃之法。观其立论云：纳食主胃，运化在脾，脾宜升则健，胃宜降则和。"

又云："太阴湿土，得阳始运；阳明阳土，得阴自安，以脾喜刚燥，胃喜柔润也。仲景急下存阴，其治在胃；东垣大升阳气，其治在脾。此种议论，实超出千古。故凡遇禀质木火之体，患燥热之症，或病后热伤肺胃津液，以致虚痞不食，舌绛咽干，烦渴不寐，肌燥热，便不通爽，此九窍不和，都属胃病也，岂可以术参柴治之乎？故先生必用降胃之法，所谓胃宜降则和者，非用辛开苦降，亦非苦寒下夺，以损胃气，不过甘平，或甘凉濡润，以养胃阴，则津液来复，使之通降而已矣。此义即宗《内经》所谓六腑者，传化物而不藏，以通为用之理也。今案中所分胃阴虚、胃阳虚、脾胃阳虚、中虚、饥伤、食伤、其种种治法，最易明悉，余不多赘。总之，脾胃之病，虚实寒热，宜燥宜润，固当详辨。其于升降二字，尤为紧要。盖脾气下陷固病，即使不陷，但不健运，已病矣。胃气上逆固病，即不上逆，但不通降，亦病矣"。"发明亦切当"，徐灵胎给予了极高的点评。

《本经》云，"白薇，苦、咸、平。主暴中风，身热肢满，忽忽不知人，狂惑，邪气，寒热酸痛，温疟洗洗，发作有时。"先生受白薇"主暴中风"启发，以《本经》白薇之药理辨证增益了仲师以降迄今近中医有关中风的学理。"其曰暴中风，则是风邪直中入里，上犯脑部，不然何以云暴。又曰忽忽不知人，活绘出暴字病状。又曰狂惑、曰肢满。非知觉神经病变，何以狂惑；非运动神经病变，何以肢满，盖风邪内燥，激荡气血上并，气返则生，不返则死，唯白薇味苦能降，味咸走血，气平入肺，沉静循环，制止沸腾，庶足以平上并之气血而戢狂飙。中风病轻浅在外者，宜外解；因素在内者，宜内解。若由外而内，里证已急，外证未罢，如本经所叙身热，邪气寒热，疏利则益张之焰，镇降则更促其深，不能用表，不能不表，白薇清浮热于咸苦潜降之中，即此一味，已超越千金外台所载数十续命汤，而独标新义。"

三、欲写沉忧付壮歌

《冉氏本草》乃先生呕心沥血之作，书中不少真知灼见限于历史、环境条件，被湮没在历史长河中。如砒霜辛酸，大热，有大毒，先生曰："毒虽猛悍，要在用有定法，服有定量，知其杀人而后可以不杀人，知其不可用而后乃知其所可用……有大毒方有大力，有大力方有大功。不唯深痼之梅毒，恶顽之疮疡，他药所不能治者须赖以治。即虚证，如贫血类，服铁剂功效犹缓，稍伍砒霜则血中生机顿振，然难为中人以下告语也。予甚望学者能用，而又不渎用妄用。"

先生编写《冉氏本草》正值国艰，避居万县深山，老骥伏枥，壮心不已。"既乏仪器实验，又无专门医药化学专门人才赞助，日暮途穷"，编写过程中，常感慨系之。"欲写沉忧付壮歌，江山眼底认摩挲"，贫血类分类分型，原因各异，其中缺铁和铁利用障碍性贫血，以补铁及导致缺铁的原发病治疗为主，然"服铁剂功效犹缓，稍伍砒霜则血中生机顿振"，其中不能排除对急性粒细胞性白血病的治疗，"稍伍砒霜则血中生机顿振"。1973年砒霜治疗白血病的奠基人物哈尔滨医科大学附属第一医院张亭栋教授等用"癌灵注射液"治疗慢性粒细胞性白血病，患者症状得到改善，注射液的主要成分是三氧化二砷和微量轻粉。随后的临床实验中，张亭栋等人确定了砒霜中单体化学分子三氧化二砷治疗白血病 APL 型最有效。2015 年香港求是科技基金会将该年度"求是杰出科学家奖"颁给了 83 岁的张亭栋教授。生命科学家饶毅等学者撰文，认为张亭栋等的研究成果逐渐得到世界范围内认可，已达到角逐诺贝尔医学奖水平。1994 年，陈竺教授得知张亭栋用砒霜治疗早幼白血病，开始与哈尔滨医科大学同行合作，两年后，揭示了三氧化二砷（即砒霜的主要成分）是通过诱导癌细胞凋亡而发挥作用的。经过多年的实验研究，陈竺等发现维甲酸和三氧化二砷靶向作用于急性早幼细胞性白血病同一关键致病基因编码蛋白质，提出"协同靶向治疗"设想，试验中百分之九十以上患者长期带病生存。

在《冉氏本草》完稿六十五年后,先生的学术期盼如愿得偿。国运兴则国医兴,国运强则国医强。2016年12月5日美国血液病学会颁发欧尼斯特·博特勒奖给陈竺。陈竺强调该研究成果受中医中药白血病治疗理念和临床实践方面的重要启迪,是中医学与西医学结合的典范。此足可告慰先生在天之灵。

第六章 《冉氏方剂学》札记

附录 《冉氏方剂学》补遗

一、《冉氏方剂学》之世纪沧桑

方者，法也，上承义理，下启药物，为疗疾实施之工具，为医学踏实紧要部分。方剂是辨病证审因、推求病机、遵循治则拟定治法、严守组方法度、选择药物、酌定用量、规定剂型和服用方法，用于治疗上的实施。方从法出，法随证立，方成无药，神用无方，是长期经验阅历中探索出的规律，而非药物的随意组合；是辨证论治，而非对病施药、对症用药；是有目的、有理论的组合，而非盲目的凑合。方剂学是专门研究和阐明治法与方剂的基本理论及其临床应用规律的学科，是培养中医辨证论治临床思维的方法论。

《冉氏方剂学》原名《冉氏医学丛书·方剂学》（以下称《原稿》）撰于1951—1953年。先德教授在导读中指出，全书分为六卷，共20章，约394方，并痛心地讲道，"原稿卷一佚失，今从《历代名医良方注释》（科学技术出版社，1983年）辑出"。1986年9月笔者因参与"冉雪峰研究"课题，得以亲炙《冉氏医学丛书·方剂学》（线装手抄本），先生谓之《方学书稿》。《方学书稿》系先生门人龚去非老师提供，同时出示有先生信函一封，信中涉及《方学书稿》来历，现原信抄录如次。

> 去非老弟大鉴，我奉调入京到中医研究院工作。惜乎年事已老，今年已逾七十六，耳已半聋，但改进中医，发扬先代文化遗产，素具此志。天既留我多活几年，赶上这个机会，当尽其所知所学贡献民众，以为涓滴一环补助。一息尚存，此志不懈。方学书稿一部及伤寒底稿一册（阅之可了解全书大概），邮寄奉赠。不是外人，聊以献曝。恐轮过万时不停歇，未能觌面，故从

邮寄。匆此并问。

　　此致

冉雪峰敬礼

　　　　　一九五五年十一卅

万中诸同道统此问候未另

再李重人及小子先甲（即小峰）均在调京之列　又及

书稿昨日交邮□□□□① 　又及

　　信函中激荡着驰骋千里的豪情，洋溢着永不停息的追求与宏大的抱负，师生之谊在身许岐黄的愿景中获得升华。手稿，包括草稿、初稿、修改稿、定稿以及出版后的再修订稿。函中郑重交代"方学书稿一部及伤寒底稿一册（阅之可了解全书大概），邮寄奉赠"，"书稿"与"底稿"殊异，"一部"与"一册"有别，从文字叙述中比较，"书稿"非"底稿"，亦非初稿。"底稿"乃初稿。"一部"是撰写完成，拟定稿之互词，"一册"是撰写进行阶段中的一部分。《方学书稿》是先生晚年的扛鼎之作，集五十余年深耕方剂学理论和临床经验阅历之大成，对传承、研究其学术思想、临床经验具有不可取代的学术理论价值和临床实用价值，是一部十分珍贵的方剂学文献。现藏于成都中医药大学医史博物馆。几十年来，该馆数次迁徙。笔者往岁数度电函联系或委托专人期望予以拷贝，皆因渺如黄鹤而缘吝一面，至今不无有憾。庆幸早年参加"冉雪峰研究"课题，手中保存有《方学书稿》钢板蜡纸简体横排刻写油印本（以下称书稿油印本）。该本力求存真，忠实于原文，仅将繁体竖排改为简体横排，保有了《方学书稿》原貌。2004年《冉雪峰医著全集·冉氏方剂学》（以

---

① 方框内文字无从辨认，暂付阙如。

下称京华本）在北京京华出版社出版发行，先德教授在导读中写道，"原稿卷一佚失，今从《历代名医良方注释》（科学技术出版社，1983年）辑出。原稿每章之后，有一总按，阐述章法奥义，对比各方鉴别应用，文笔犀利，精彩之至。卷一第一章发汗剂、第二章催吐剂后，皆阙总按。为保持先父原著特色，未敢补遗，以免有狗尾续貂之过"。笔者将京华本与书稿油印本对照比较，发现京华本除了导读中指出的卷一第一章发汗剂、第二章催吐剂后之总按阙失外，尚阙卷一第一编方剂学总论（计十章），第二编方剂学各论第一章发汗剂第四方、第五方、第六方、第十三方、第二十四方。书稿油印本阙失卷三第七章宣通剂第十方乳香宣经丸，在宣通剂目次及正文中直接由第九方宣郁通经汤跃至第十一方苍耳子散。两相对较，京华本计有379方，书稿油印本计有383方。为方便比较，特将书稿油印本目录卷一第一编方剂学总论、第二编方剂学各论第一章发汗剂录后，以资勘校。

冉氏方剂学目录（节录）

卷一

第一编　方剂学总论

第一章　方剂起源及变迁

第二章　方之组织及纲要

第三章　方之种类及适应

第四章　方之互通及界畔

第五章　方之运用及加减

第六章　方之编辑及目的

第七章　处方应注意要件

第八章　历代方剂之发明

第九章　中西方剂之比较

第十章　方剂今后之展望

第二编　方剂学各论

第一章　发汗剂

第一方　麻黄汤

第二方　大青龙汤

第三方　小青龙汤

第四方　麻黄杏仁甘草石膏汤

第五方　麻黄附子甘草汤

第六方　麻黄附子细辛汤

第七方　葛根汤

第八方　麻黄升麻汤

第九方　麻黄醇酒汤

第十方　麻黄粥

第十一方　白薇散

第十二方　葳蕤汤

第十三方　麻黄散

第十四方　愈风散

第十五方　去风散

第十六方　葱豉汤

第十七方　香苏散

第十八方　九味羌活汤

第十九方　十神汤

第二十方　人参败毒散

第二十一方　银翘散

第二十二方　桑菊饮

第二十三方　香薷散

第二十四方　麻黄芍药人参甘草汤

总按

第二章　催吐剂（略）

总按

卷二

第三章　泻下剂（略）

第四章　调和剂（略）

第五章　温寒剂（略）

先生治学，尤重义理，主张"法之方有尽，方之法无尽"。1958年12月《八法效方举隅》编纂完毕，先生在八法六十四方分析解释前，置首一篇由博返约大论。"予往岁已编有方剂学，卷帙颇繁，且系文言，不便普泛短期卒读，因病假休养之便，捡箧出旧稿，穷一月之力，撮其要者，用浅显文字撰写，成此小册，以响应多快好省的号召。原拟但就方剂诠释，因欲与学者做进一步的研究，编纂竟，加以绪论，不啻为全篇加一个总纲则例，以便抓住重心，紧握枢要。大匠能与人规矩，不能使人巧，毕生为学经验，已流露在这个小册字里行间，盖并巧而传之"。孟子曰，"梓匠轮舆能与人规矩，不能使人巧"，先生"并巧而欲传之"。方学精粹计有方剂的组织和蜕化、方剂的嬗变和互通、方剂的运用和加减等"方剂本身内部紧要关键"。限于篇幅，"处方应具的条件，历代方剂的发明，中西方剂的比较，将来方剂的展望，都未涉及"。将《八法效方举隅》"绪论"文字与书稿油印本卷一第一编方剂学总论十章比对，"绪论"无异于"方剂学总论"的缩写版，先生视之为该书的"总纲则例""重心""枢要"。进一步考察《八法效方举隅》第一章"汗方"，第二方为麻黄杏仁甘草石膏汤，第三方为麻黄附子甘草汤（在该方诠释中，援引麻黄附子细辛汤与之鉴别剖析），第四方为麻黄芍药人参甘草汤。《健忘斋医话》惜墨如金，可理解为《八法效方举隅》六十四方之微缩版，文中特别对麻黄杏仁甘草石膏汤和麻黄附子甘草汤作了简洁扼要的诠释。综合以上引述，印证了先生对中医方剂学理论研究的珍视，由此可以确认书稿油印本第二编方剂学各论第一章发汗剂中，仲景名方历历在编，全无遗珠，充分体现了先生对经典名方推崇备至。

先生"毕生为学经验"，珍贵的方剂学文献，是什么原因导致京华本中出现了如此大的佚失，笔者小心求证后大胆推论：1958年撰写《八法效方举隅》时，《冉氏医学丛书·方剂学》"旧稿"尚完整珍藏箧笥中，至1983年小峰老师编辑整理《历代名医良方注释》时"原稿卷一"部分"佚失"，历时25年许。其间，世事沧桑，尤其是经历了"十年浩劫"，于迁徙播奔间"旧稿"难免寥落残缺。庆幸"卷一"非全部而是部分"佚失"，更加值得庆幸先生当年赠与门人去非老师的"方学书稿一部"保存于世，俟将来《冉氏方剂学》再版时援之以补苴。

二、毕生为学之结晶——方剂学总论十章

书稿油印本卷一第一编"方剂学总论十章"全面、系统地总结了先生五十余年方剂学思想，议论恢宏，奥哲弘深，见解精辟。

在"方剂起源及变迁"一章中，对周秦以降至有清一代中医方剂学予以全景式鸟瞰，提出三大变迁的论断。先秦至汉唐为一大变迁。周秦诸子百家，为中国学术竞进时代，"必多上好理智

经验良方"，仲景书中必有夏商周秦以来名医验方。中国"以方剂为成书者，则由商《伊尹汤液经》始"。伊尹为商王朝开国元勋，曾献计从西边进攻西邑，助商灭夏。据清华楚简考证，"西邑"即夏王朝，伊尹生活的年代，夏王朝还存在。《伊尹汤液经》与《黄帝内经》，亦系托名。经方之"经"，乃本于《伊尹汤液经》之"经"，中国方学，可溯源到夏。"考经方内容，有是病，用是方；用是方，有是药。论意义，则穷性理之微；论治疗，则探天人之奥"。唯求证之切当，知其机，得其情。诚如岳美中所言，仲景书"见其察证候而罕言病理，出方剂而不言药性，准当前之象征，投药石以祛疾"。唐孙思邈《千金方》别有师承，王焘《外台秘要》集唐以前小品、近效、必效、古今录验、崔氏、侯氏、范□[①]汪□深师、张文仲、许仁则等先贤之片羽吉光，功不可没。宋金元明为一大变迁。宋崇宁大观间，设惠民药局和剂局方，以方剂列为政教。金元刘张朱李四大家"各持所见，别开新的研究。虽各有所偏，亦各有所长"。有清一代为一大变迁，"各家肆力温病，治温病之方，几与治伤寒之方，旗鼓相当。其中如清凉透邪、甘寒润液、柔润息风，清轻透络，芳香宣窍，轻灵妙婉，足补唐宋元明以来，各方所未及。其理虽仍寓于伤寒各方之中，其法实独阐于温病各方之内"。

先生于"方之组织及纲要"和"方之运用及加减"中提出"盖考察药物对人体生理及病理所起之作用及变化，以期达到痊愈之目的，此为方剂学范围"，"方之运用须筑基于方之自身理性之上，……方之加减目的，又须筑基在人体生理和人体病理之上"，这些论述实为近代方剂学研究鲜有的真知灼见。方剂乃古

[①] 注：因书稿油印本字迹无法辨认，此处阙字，待考。

人根据学理，征诸经验，加以事实阅历，显出规律以制成的方法，即君臣佐使、配伍适宜也。方剂的优势在于整合不同的药物，以不同的配伍，作用于人体生理病理。"聚多数药物为一剂，苟非有法度的组织，制其间，则治繁而纷。方剂自身所起的变化尚不自知，将焉治病。故药愈多，则愈难驾驭。愈难驾驭，而必驾驭，则不可不有适当方法，此研究方学者所以不得不先研究方的组织也。"方剂是有法度的组织：各方有各方的性质，各方有各方的功能，各方有各方的宜忌，各方有各方的法度。法度由组织体现焕发，性质由组织构成决定，功能由组织产生昭显。活法之中有定法，定法之中有活法，"不必对证立方，而方外有方；不必泥方治病，而一病活用各方"，"方之裁化实以探病之奥窍，而病之泛应愈以显方之精神"，实为经验阅历之谈。"方之互通及界畔"中既强调不以规矩不能成方圆，又示人遵依法度不可泥于法度，则反失方剂法度之精神。正如分割所以便病理上之认识，参错所以妙治疗上之变化一样，"谨守法度，特知其当然，活用法度，乃得其所以然。当然者，为规矩，所以然者，为神明规矩之巧"。界畔体现方剂法度之森严，互通昭显方剂运用之灵妙。界畔中有互通，互通中有界畔，活用方剂的奥窍在此。

在该章中，先生特别提出，"巧之所在，多禁法禁方所在"，"苟非透过一层，安能度越纵舍。卒以法合，变法变例，学者兢兢，勿妄用渎用以重予之过，则幸甚矣"。

笔者录之，以期引起后学关注，研究禁法禁方，有所发现，有所创新。"方之运用及加减"一章中提出"好模范"的概念，"古人制方是治疗实施，即是运用方剂的好模范。古人方注自为加减，是活用方剂，即是用方剂加减的好模范"。本古人立方的精意，以运用古人方剂，是运用方剂的好模范。本古人自为加减的精意,作古人方剂加减的加减,是加减法的好模范。"诊断既在机先,生理病理化合,得其益而不为其害,反其害而转为益,于以用古人之法可,不用古人之法亦可;用古人之方可,不用古人之方亦可"。

"方之编辑及目的"一章中明确提出"收拾过去,启发未来,"以中医立场,辑中医方剂,"但于西说学理可会者,无不尽量采辑。俾学者可于旧的方面,求出新的又新的方面","此时以中医向西医方面合,将来尚当以西医向中医方面合"。

中、西医是两个不同的理论体系,思维方式迥然不同,但最终落脚点是一样的,在"中西方剂之比较"一章中首先明确"不论中西,同以人为对象,同一救济人类疾患为目的。其根据临床经验,实理与事实结合,以求功效之迅速确实,则用同归于一而已。"目的相同,法则、方法各是其说而异,其体不同其用同归。西法"所重者在药,只闻有特效药,不闻有特效方"。中法"用方者,方成无药。方内一药轻重出入,方制即变,各方亦变,方之主治均变。并有以同一之方,治不同各病,及相反各病者。故西法是一病用一药,中法是一方治多病"。先生特别提出了中西医方剂运用学术致力点的异同,"方剂以诊断为旨归,西法诊断,必先辨其为何物病,再查之有何物证据……中法诊断,必先辨其为何物证,再查其证之到何阶段……证多一层变化,即方多一层斡旋",此为中剂优性。一则为病觅证,而求实据;一则以证律病,病无遁形。"西法是以分析为主要特征的还原论科技,西法之'证'为症状、体征之症,证据之症,实证之证,而非中医辨证论治之'证'。中法之'证',是病因、病位、病性、病势的概括。临床辨证立法,方从法出,以法统方。故有方成无药,神用无方,异病同治,同病异治,一切以病机为转归的特色和优势"。

"方剂今后之展望"一章以极大的学术关怀为方剂未来发展规划了恢宏的图景。他山之石,可以攻玉,"以科学方法改进中药,则中药世界化,再以改进的中药改进中方,则中方亦世界化"这一展望,对方剂学的发展具有重大的学术导向意义。"摆脱以往之旧基,必启发未来研究之新径",是中医方剂学振兴的必由之路。"始以中药改进成西药,再以西药精粹,运用于中剂,变以中剂奥析治疗,融于西药,其发现必有出入意外者。中药既世界化,中方亦世界化,将来中药整个学术,贡献于世界,以方学改进为嚆矢,此则编者所企引祷盼不置者也"。

中医方剂学凝聚着深邃的哲学智慧和上下五千年的临床实践,传承是发展的根魂,创新是发展的时代活力,师古不泥古,创新不离宗,坚持在尊重传统中医方剂学理论基础上,结合现代医学评价方法,利用现代科技为中医方剂学赋能,是时代的要求。循证医学(又称实证医学)是国际上广泛认可的医疗标准,已经成为现代医学临床决策的主要依据,而非专属于西医西药,海纳百川的中医学同样可理直气壮地拿来我用。中医药以复方为主,多味药、多成分,在辨证论治理论下,治疗注重个体化,因人而异,与单一化合药物为主,治疗标准化、模式化的西医明显不同,不应照搬循证医学评价方法。中医循证医学发展要充分考虑中医药学优势、特色,重视人用经验和中医理论支撑,坚持中医立场,以"中"为主。先生在"方剂今后之展望"提出"始以""再以""变以"三部曲,是传统与现代结合的典范。始以科学的方法,将中药成分整个提出,再以西药精粹(改进后之中药)运用于中剂,变以中剂奥析治疗,融于西药,"中剂""中剂奥析治疗"即中医方剂学对世界医学发展所能提供的思想资源、学术资源。科学方法的引进可促使传统的中医方剂学在"未始出吾宗"的前提下不断创新发展，而非沦为单纯的被解释的材料。中医方剂学的诠释和构建、创新与发展，需要与现代科技深度互动，避免"以西解中"的"单向格义"，在"以中为元"的双向互诠中增强壮大中医方剂学自身的主体性。

在深度交流与对话中，"在场的东西"总是以"不在场的东西"为指导。中医方剂学的创新，要坚守中医特色和优势，推动中医方剂学按照自身规律不断发展。突出中医学原创思维，坚持中医学思维方法的自觉性，开展深度的中医方剂学研究，是由中医方剂学的主体性和文化自信决定的。

三、方成无药　神化无方——方学各论

学术工作的终极目的，在于让凝练在文本中的生活世界重新展现，让凝练在文本中的思想作为那个活生生的生活世界思想复活，以服务于当下与未来。发汗剂一章共24方，其中伤寒方8、千金方2、必效方1、小品方2、华佗方1、林灵素方1、肘后方1、局方4、洁古方1、温病条辨方2、东垣方1。伤寒方、晋唐方、宋以后方三分天下。诚如《鼠疫问题之解决续篇》所论"内经详针灸，只十二方，伊尹本《本经》作汤液经，经方之名自此始，每方俱有深意，化通微莫，效如桴鼓，智者见智，仁者见仁，借用处甚多。仲景伤寒金匮所引除崔氏八味、侯氏黑散，外皆其遗方，兹征引……详加解释，以明信好而表尊崇"。"经方神化无方，其药品察六气五运而取其专长，其分两因生克制化而神其妙用，汉唐后汇药治病，有药无方，而先圣制方之意荡然。然亦有精思独到，补古人所未备者"。发汗剂前8方为经方，以麻黄为主药，以麻黄汤为主方，化热大青龙，化水小青龙，太少两

感麻黄附子类，邪入经输葛根汤，深趋厥阴下寒上热麻黄升麻汤，伤寒郁热渐重、表未全罢、清热透表、清肺治喘之麻杏甘石汤。先生认为"伤寒金匮用麻黄之方尚多，无须广为征引，学者即此数方，合深浅常变而通之，发汗之道，已思过半矣"。发汗之道，以辛温挥发之药，鼓荡外出，显而易知。进而推及，"内因气结，则散其结而汗出；内因血闭，则开其闭而汗出；内因水停，则化其水而汗出；内因热壅，则清其热而汗出；以及虚者补之，实者泄之，郁者宣之，陷者举之，吸摄者开之行之，燥燻者沃之润之，灌之、浴之、熏之、烘之，又外而内之，内而外之，而逆而从之，凡所以深层求其汗出也"，常须识此，以广神用。第九方千金麻黄醇酒方，第十方必效麻黄粥，第十一方小品白薇散，第十二方小品葳蕤汤，第十三方千金麻黄散，均用麻黄，可补充麻黄汤之意义。"或借酒气以资宣通，或借谷气以资气沛，或发表之中，兼润沃增液，或发表之中，兼芳香化毒。"小品白薇散相传为仲景弟子陈大夫方，系从麻黄汤蜕化而出，白薇疏而兼清，散而能敛，既可助麻黄和表，又可防刺激过甚，其精蕴系从苦思小心中得来，轻灵稳妥。小品葳蕤汤乃麻黄甘石汤之变相，葳蕤合石膏，清而能润，川芎伍木香，疏而能清，白薇清上，独活启下，较麻杏甘石汤多一层润液醒气，散结通络，芳香化浊，柔润益阴。先生认为："其清凉，已开后人银翘桑菊之渐。其芳香，已开后人香苏神芎之渐。其方注一寒一热，加朴硝大黄，已开后人败毒双解之渐。"第十四方华佗愈风散，第十五方林灵素去风丹，用药简单灵活，以少胜多，举重若轻。一用荆芥辛温，一用浮萍辛凉，两两对峙，开后者辛温发表、辛凉解表之先河。第十六方肘后葱豉汤，香豉系豆麦郁蒸发酵而成，借其腐浊之气以入之阴，葱白冲动以出之阳，急不伤峻，缓不伤怠。不

115

寒不热之斡旋，夏日炎暑燔炕之时，南方湿热逼蒸，及妇人产后，病后劳复，不宜麻桂重剂者，轻可去实。第十七方局方香苏散简单，治时感之夹气闭气滞者，香附性温，其苗叶性寒，先生认为用根子之附，不如用苗叶莎草，与苏叶一寒一温，中和平解，四时普适。第二十方局方人参败毒散清超，一可除秽解疫，一可扶正祛邪。用以治痢，谓为逆流挽舟法，适用于痢疾初期而有表证者。第二十一方、二十二方温病条辨之银翘散、桑菊饮清解清疏，辛凉解表与清凉透邪，方治切当。第二十三方局方香薷散，疗暑感，简洁不枝，逼似经方。第二十四方东垣麻黄芍药人参甘草汤与仲景桂枝人参新加汤、局方参苏饮同义，桂枝人参新加汤邪已解，参苏饮侧重在表，桂枝人参新加汤表未解侧重在里。伤寒论麻黄无加人参法，若里虚不作汗，或久虚寒闭外廓，既非麻附辛证，又非麻附吴萸干姜证，东垣麻黄芍药人参汤可补经方古方之未及也。

　　吐法是通过药物（或器物）作用于咽喉、胸膈、胃脘引起呕吐，以排除、清宣其留着的痰涎、郁热、宿食、毒物，以达到治疗目的。吐法常用于中风、癫狂、喉痹之痰涎壅盛，伤寒吐下后、郁热留扰胸膈，宿食停留胃脘，毒物滞留胃中，以及霍乱吐泻不得等证，与汗下鼎峙而三。吐法逆胃之性，易伤胃气，中病即止后服。吐法大多因情势不得已而用之，大抵他法可治，不用吐法。吐法历数千年之演进，肇始于秦汉，造极于宋元。后来医家，托名谨慎，多不轻用，复慢忽不加深察，以致吐法方失传而渐衰微。面对中医吐法吐方这一优秀遗产的遭遇，先生大声疾呼"上部无眼，下部有眼，其人当吐不吐者，服毒中毒，稍缓则毒已遍于全身，非吐无以救急回生；又如邪实梗塞胸中，绝无疏散下行希望，迫切紧张，势不容缓，厥逆填胀，闷闷欲死，俨有一丝不续则真机绝亡之势，吐法安可不用。可知吐法在生理上，为强制逆行；在病理上，则为急救捷径"。痛惜近今吐法吐方失传之畸形现状，从历代文献与长期临床的结合中披沙沥金，征辑吐方20首，逐一考议声明，一扫吐法吐方式微之局面，舍先生其谁堪任之！

1955年调北京中医研究院前，先生编有《健忘斋医话》，旨在扼要训释中医方剂与治法之精要，约一万余字，其中吐方吐法占1200余字，足以反映先生对吐法吐方的重视。催吐剂多用吐根，瓜蒂散为催吐第一方。瓜蒂含甜瓜毒素，难溶于水，用散剂，非大量不致引起中毒，伍以赤豆、香豉，和中安中。药吐病吐，病随吐去，病吐毒吐，药随病去，恰到好处。性优而安全，乃经方价值的体现。先议病，后议药，栀子豉汤证乃伤寒汗、吐、下后，余热留扰胸膈之虚烦不得眠，反复颠倒，心中懊侬。胸膈闷乱，似热非热、似饥非饥、似呕非呕、似痛非痛，病有欲吐之机，栀子豉汤迎其机而诱导之。香豉郁蒸发酵，腐臭冲激，诱吐可用。以佐瓜蒂，以协栀子，其用悬殊，又不可不辨。要之，栀子豉汤证为吐证，而栀子豉汤非吐药。《肘后》①杜蘅瓜蒂散、松萝瓜蒂酒、广济七物瓜蒂散均用瓜蒂，或佐杜蘅，或佐松萝，或佐丁香、麝香、薰陆香，各成一格，各有适应。先生感慨，"杜蘅、松萝，晋唐方剂中，屡屡见之，今人罕用。广陵散不在人间，不宁吐方失传，而吐药亦失传。录此数方，我心怦怦，不禁发思古之幽情也"。"《圣惠》②三圣散用藜芦伍以防风，借其升举挥发以助吐，济众藜芦散，将防风取汁浸藜芦，焙褐为散，每服半钱匕，拯危救急，张子和藜芦丸，将藜芦纳于南星之

---

① 指《肘后备急方》，下同。
② 指《太平圣惠方》，下同。

内，酒下。"藜芦吐力较瓜蒂为强，毒性亦较瓜蒂为暴，当此吐方失传之日，得此强有力之吐药，殊堪宝贵，"周礼采毒药以供医事，知其有毒，乃可用毒；唯能用毒，斯化无毒"。《金匮》蜀漆散、《局方》胜金丸、《千金》恒山甘草汤皆用常山，常山吐力不在瓜蒂下，尤以吐瘴疠虐毒为长，誉为东方奎宁。恒山甘草汤，常山与甘草，何以催吐。究之甘草原和百药，人称药中元老，"甘以缓之，逗留药性，实其中，即所以吐其上，与忍吐待下正作反比例耶。然常山得甘草则吐，得黄丹则不吐，在经验事实上，夫固确凿不移也"。

中医理论不仅有严密的逻辑思维、推理、概念和命题，还有非逻辑的类比、形象、顿悟和直觉思维。医者，意也，"甘以缓之，逗留药性"，甘草和中缓急，蜜以缓之，使药性逗留胃脘。"实其中，即所以吐其上，与忍吐待下正作反比例耶"，将中医思维发挥到极致。

丘成桐在清华演讲中，提出学问应以自然为师，只有经过观察、实验、计算和感悟才能知道真理，才能完成一流的学问，诚哉斯言。张文仲破棺千金汤，以苦参治天行热毒垂死等证，苦参大苦大寒，除热、降火、解毒、杀虫，借为催吐药。《删繁》吐毒热方苦参乌梅，酸苦化阴、酸苦涌泄，以疗天行毒疫。《十全镜》石蒜汁吐方，鲜老鸦蒜捣汁，白酒调服，催吐剂中优美之良药。《圣济》白矾散，《局方》稀涎散，《本事方》许氏稀涎散，三方用矾石不如用胆矾。《医门秘旨》碧玉丸，若改铜绿为硫酸铜，更为稳妥优越。《千金》仓公散，矾石、皂荚、雄黄、藜芦均暴悍，矾石、硫黄含砒质，藜芦阴毒，皂荚燥毒，禁方禁药，学者所当兢兢。周礼采毒药以供医事，唐去汉未远，相传为太仓公淳于意遗方，从中可以窥见古人用药治疗法度之一斑。聚毒药治病，其治疗量与中毒量接近，分寸难以斟酌。深层学理，不问药品之有毒无毒，只论分剂之当与不当，病机辨识之准与不准，用法之妥与不妥，是否恰合病机。此乃一流的思维，一流的学问也。先生感伤中医学吐法吐方吐药优秀遗产之失传，以一人之力，力挽狂澜，勇扶大厦之精神，可欣可佩。吐法吐方吐药亦有和缓性柔者，一概以病机为准。《纲目》①参芦散治虚人痰涎上壅，体虚不耐吐，证又过实，不得不吐。就吐药而言，性多暴厉、燥烈，参芦以补为吐，以吐为快，恰合病机。"栀子之吐以清，矾石之吐以温，防风之吐以汗，巴豆之吐以下，参芦秫米之吐以补，方外有方，法外有法，化而裁之，别而择之，头头是道，何吐法吐方失传之有。"

《素问》"其下者，引而竭之""留者攻之"。泻下剂，八法中之"下法"，为里实证而设，凡以泻下药为主组成，具有通导大便、排除肠胃积滞、荡涤实热，或攻逐水饮、瘀热、寒结、冷积等作用的方剂，均属泻下剂范畴。由于里实证病因有热结、寒结、燥结、水结、瘀热之分，患者体质有虚实之异，故泻下剂有寒下、温下、润下、逐水、泻热行瘀、攻补兼施之别。大承气汤峻下、小承气汤轻下、调胃承气汤软下。三承气汤为寒下的代表方，皆用于阳明腑实证。大承气汤攻下实热、荡涤燥结，厚朴倍大黄，先煮枳朴，后纳大黄，再次纳芒硝，生者气锐先行先化燥屎，继通地道，再除痞满。小承气汤破滞除满、通腑泻热，大黄倍厚朴，枳朴大黄同煮，熟者气钝而和缓，不用芒硝之峻，远于大黄之锐，味少制小性缓，微和胃气。调胃承气汤证乃邪热与阳明糟粕初结，里热炽盛、腑气不畅，炙甘草缓硝黄峻下之力亦留

---

① 指《本草纲目》，下同。

中泄热，皆在通过胃肠道以泄热。承气三方"重在朴枳气药，用气药多为大其制，用气药少则为小其制，不用气药，芒硝虽加至二三倍，亦只名调胃而已"。

《伤寒医诀串辞》："大承气汤，乃大无不贼，主承通体火热而下行。凡血气瘀滞，聚邪宿食，无不一扫而净。为下剂之最重者，用之得法，可以起死回生。"先生着重强调，方制侧重气药，方义着重无形之气化，方名曰大承气，深层义蕴耐人寻味。陈修园引张宪公论曰："方名承气，殆即'亢则害、承乃制'之义……亢极反兼胜已之化，承者以下承上也。夫天地一理，万物一气，故寒极生热，热极生寒，物穷则变，未有亢极而不变者。伤寒邪热入胃，津液耗，真阴虚，阳盛阴病。所谓阳盛阴虚，汗之则死，下之则愈。急以苦寒胜热之剂，救将绝之阴，泻亢盛之阳，承气所以有挽回造化之功也。然不言承亢，而言承气，何哉？夫寒热流转，不过一气之变迁而已。……圣人虽尽人工之妙，止合乎天运之常耳，不云承气而云何？"

承，会意字。甲骨文，像双手托着一个跽跪的人，本义捧着、托着、承载。王充《论衡》"舜、禹承安继治，任贤使能"，《汉书》"遭世承平，上下和睦"，《内经》"亢则害，承乃制，制则生化"，引申有承接、承载、承继、承平等义。五运周天，亢害承制，制则生化。亢有过度之意，承有承接、接受之意，制有约束、制约之意。生化指五行生克制化规律，五行之理，亢而无以制则造化息，因其极而抑之，制亢而承化，递相济养是为生化。阳明燥热实邪内结，治以攻下实热，荡涤燥结之大承气汤，承接阳明胃肠通下之气，主承通体燥实而下行。方名承气，侧重气药，用下义蕴着重无形之气化，而非徒重有形之实质。方制服法，尤饶义蕴，阳明腑实证，腹满燥实坚痛，为用下之要证，在

《伤寒论》研究中几乎成为定论。

陈修园提出阳明三急下证及少阴三急下证"所重并不在此"。《伤寒论》中对大承气方证反复推勘不下二十条,先生对本方本证极深研几,认为陈氏之论"颇有见地"。阳明腑实证,热邪不燥胃津,必耗肾液。张隐庵讲"伤寒六经,止阳明、少阴有急下之证。盖阳明秉悍热之气,少阴为君火之化。在阳明则燥热太甚,缓则阴绝矣;在少阴而火气猛烈,勿戢将自焚矣。非胃肠之实满也"。第252条直犯脑海,目不慧了,睛不和,证象特殊之非常变局,仲师明昭急下;第253条发热汗多,阳明燥热张于外,热不为汗衰,汗自出而热自发,汇成特殊阳明证;第254条腹满而痛,阳明燥结于内,"寻常证象,即是特殊证象",病来较暴,病性甚劣。"浸假诱至腹满加哕,喘满直视,或痛连少腹,下引阴筋,其奈之何。"

先生再三致意"冠伤寒者,当急下则急下,不必拘拘阳明证型;冠阳明者,当急下则急下,不必拘拘阳明条件;病理疗法,均推进一层,多加添一义"。若死守教条,拘牵常例,则自桔灵机。"病机至此,病变安可逆料,亡阳亡阴,是所常见。……迨其变坏,有孤注一掷,欲求其一下而不可得者。防患未然,识在机先,沃焦救焚,稍纵即逝"。"三急下之,宜大承气汤","急下存阴","急"之精蕴,跃跃显出。"唯是用下法,则病已深沉,急转直下,为出死入生之关键。用之得当有赫赫之功;失当则变证亦速,不可救药。故昔贤谓既有下之重伤其阴之大戒,复有下之急救其阴之活法。"阳明三急下证,大实大热发展快,病势急,呈现出热盛伤阴的趋势,或已有劫伤少阴阴津之端倪,邪火燔灼,燎原莫制,大有竭尽西江之危。值此存亡之秋,不得稍事游移,扬汤止沸而不如釜底抽薪,不破不立,破字当头,立也就在其中了。少阴三急下证乃少阴阴虚与阳明腑实（或胆腑实热）互为因果，或先或后，或同时并存，大承气汤临危受命，急下以存欲竭之阴。

金寿山《试论〈伤寒论〉中的若干辨证法思想》在"邪与正"的论述中强调指出："尽管医生立方遣药的主导思想是扶助正气战胜邪气，使其'正胜邪却'，但手段却是多种多样的，而祛邪正是相对于扶正的一大法，只要祛邪而不伤正，那么邪去则正安。……在阳明大热大实之证，《伤寒论》认为，发展下去就会热盛伤阴，土燥水竭，导致死亡，须及时用大承气汤急下邪热以存阴津。这些例子说明《伤寒论》认为在一定条件下，当邪气对于疾病的发展起着决定性的作用，就应以祛邪为主。""用峻药目的正是为了患者正气之虚弱，必须一战而成功。假如不认识这一点，只知扶正而不敢祛邪，或祛邪而用药不够，就很难收到满意的效果。"

对于阳明三急下证之"目中不了了，睛不和"，先生释为"阳明特殊病变""非常变局"，乃伤寒，由寒而热、外而内、下而上。"目系通脑，脑神经有四对俱围绕目部，故脑神经病变，目部最易显彰。第十神经别下脏腑，脑部可支配内脏，内脏亦可干犯脑，不必别有悍气，别寻道路。此条原发为外寒，转关为内实，归结为犯脑"。

笔者由此悟出，穷必及脑。穷，极度之意。许多疾病发展到极期往往出现脑功能损伤的证候，如大承气汤证之谵妄、懊恼、独语如见鬼状、不识人、循衣摸床、惕而不安、直视等，传统医学认为此系心主神志、心主言的功能失常，病理实质乃脑部功能损伤引起中枢神经症状。诸如中风之腑实阳闭证治以通腑泻热，慢性肾衰予大承气汤保留灌肠治疗等无不体现出"穷必及脑"的病理机制以及大承气汤"急下存阴"的特殊功效。大承气汤促进胃肠道蠕动，促进肠道内毒素代谢产物排出体外，尚可脱水降脑压，增加脑供氧，促助神经功能恢复。桃仁承气汤治外邪随经内搏，瘀热结于下焦之太阳蓄血证，方制系调胃承气减芒硝加桂枝、桃仁以通瘀，乘其血将下未下之机而导之。麻仁丸方制系小承气汤加滑润多脂之麻仁、杏仁合润液沃燥之芍药，炼蜜为丸。半润半泄，以柔润为冲激，借促助作补健，以治胃热蒸灼、津液枯竭之脾约。大凡下焦之补剂，当多煎，以熟为主；上焦之泻剂，当不煎，以生为主。大黄黄连泻心，《千金》生地大黄汤或以麻沸汤渍取清汁或捣汁泡汁，纯取清轻，重药轻投，意义颇超。一泻热兼清心火，一泻热兼益肾水。生地大黄汤甘寒苦寒，鲜生地汁与大黄九比一，既免过苦化燥之嫌，又无过腻滞邪之弊，益水泻热，两扼其要。

先生评价该方剂在诸承气诸泻心中，别具一格。何绍奇研究生毕业论文《千金方简论》特援引之，"生地大黄汤既可止热证出血，又可作育阴攻下之用"。近人章次公对此体认甚切，鲜生地用来止血，应捣汁后吞服，实为经验中来。《千金》生地黄汁汤以芒硝及大黄末溶于大剂甘寒之地黄汁中，寓泻热于育阴之中，药皆重浊而方制尤为轻灵妙婉，可谓神思慧识。在该方论中，先生提出"气格"这一方制组织理论新命题，值得方制理论研究学人作为课题探究。气格，一指诗文的气韵、风格，一指人的气度和品格，此借指方制自然唤出，昭显的气韵、气度、风格、神韵。王永炎院士等在《形神兼养·身心医学之美》讲，"医学是人学，离不开经验，经验是格物事成，将'事上炼'落到实处，经验又是致知，即提高医者心灵智慧的渊薮，经验也是实践美学的成果。美与美感的根源在于内在自然的人化，人在生产生活实践中获得理解功能、想象智力等心理要素的确认，古贤者六艺圆融的经验是'技'近乎'道'，道生智展示形神的一体，和目的性与规律性的统一"。道通为一，无朴纯素，孙真人辨治之条分缕析，制方之反激逆从，气格清标，彰显汉唐风范，后世之四顺清凉饮、四生丸、诸黄龙汤、凉膈散，大都从中悟出。

《内经》中关于治则有很多框架性的论述：寒者热之，热者寒之；热因寒用，寒因热用；塞因塞用，通因通用；微者逆之，甚者从之；逆者正治，从者反治；逆之从之，逆而从之，从而逆之，谨守病机，各司其属。观其事也，适事为故，必伏其所主，而先其所因。以及治寒以热，治热以寒，绳墨其道。复有诸寒之而热者，取之阴；诸热之而寒者，取之阳，求其属也。发表不远热，攻下不远寒，乃言其常也。若寒邪痼闭凝泣，非温下不足以消阴霾开坚结，大黄附子汤、温脾汤之属也。大黄附子汤，附子三枚逐寒兴阳，细辛二两宣通阴霾，两味温药足以牵制大黄苦寒以防损伤脾肾之阳，是方用附子而不用干姜，是泻中兼启肾家之真阳。冷痼寒泻，理中温中，通因通用，伏其所主，先其所因，温脾汤当为首选。方用大黄四钱、人参二钱、甘草二钱、炮姜二钱、附子一钱（熟）。方注"冷痢去甘草，加桂心三钱，倍人参、炮姜、附子，减大黄一钱"，颇合仲景以温药下之之法。

《千金》用治积久热痢赤白等证，后之学者有疑为错简者，有提出药与方治不符者，论说各异，核心"在学者明辨适应而择用之耳"。据民国四年冬月上海棋盘街江左书林石印《千金要方》温脾汤治积久冷热赤白痢，张璐玉先生衍义："痢虽统属于脾，而移热移寒多有他脏所及。……原夫所受之邪，不过冷热两端。而人脏腑之气，不无寒热偏胜，以故移寒化热变幻非常，又不可执其两端以为定例，所以热痢方中，每兼干姜附子。冷痢方中，恒用黄连大黄，如温脾汤一方，既用姜附复用大黄，中间人参甘草专助大黄之降泄，以治热痢则干姜附子不过为祛热痢之内应。本方减大黄增附子进桂心以治冷痢，不过借大黄为破冷积之前驱，寒热兼该标本兼济，所以冷痢热痢总不出此方之模范也。"

考温脾汤另有数方，立法、主治略同，配伍稍有出入。《千金要方·卷十五》温脾汤，治下久赤白连年不止及霍乱、脾胃冷实不消方：大黄四两，人参、甘草、干姜各二两，附子一枚大者，右五味，咬咀，以水八升煮取二升半，分三服，临熟下大黄。张璐玉先生衍义："温脾汤为冷痢门中首方，而热痢例中用以小变而治久痢连年不止，非人参甘草不能任大黄荡涤之威，非干姜附子不能资人参雄健之力。乃长沙公附子泻心汤、《金匮》大黄附子汤之变法，咸取附子开结破滞以助大黄推陈致新之功。其附子泻心汤更以芩连佐大黄附子散内陷之表邪，大黄附子汤更以细辛佐大黄附子散经络之引急，此以干姜人参甘草佐大黄附子散肠胃之积热也。"许叔微本事方温脾汤，用厚朴、干姜、甘草、附子、桂心各二两，大黄四钱，咬咀煎服，以疗冷痼寒泻，寒重积轻，大黄用量仅占总量之二十六分之一，方意组织均妥，更为有见。喻嘉言："太阴病，脉弱便利者，设当行大黄芍药者，宜减之，以其人胃气弱，易动故也。即是观之，肠胃痼冷泄泻，而可恣用大黄耶？不用则温药必不能下，而久留之邪非攻不去；多用则温药恐不能制，而洞下之势或至转增。裁酌用之，真足为法。"痼冷在肠胃间，泄泻腹痛，宜先取去，然后调治，不可畏虚以养病也。《医学实在易·卷六·泄泻》特别援引张璐玉论《千金》温脾汤："世医治病，但知热以寒治，寒以热治，外此总不讲也。……热泻而肠垢黄赤，寒泄而鹜溏清冷……况胀而泄利，此胀为胃寒阳气不布之胀，泄为肠热便垢之泄。复有消谷易饥，小腹胀痛之病，岂非胃中有热，肠中有寒之一验乎？若此种种，苟未明仲景之泻心汤、黄连汤、干姜芩连人参汤、厚朴生姜半夏甘草人参汤、干姜人参半夏丸等，必不可语至治也。"

先生一贯强调，临床上寒热虚实不可不分、不必过分。"分割所以便病理上之认识，参错所以妙治疗上之运化"，在八纲讲稿中指出："八纲不是截然划分，其间参错连贯，处处均可看到，且一病传变与各纲多有关系……八纲的参错变化是有定的，各项病证是不是可截然划分在这个八纲内呢？十之九决然不是的。……故以这个固定的八纲来支配这个变动不拘的万病，实在勉强！"先生进一步提出八纲运用的精神，"识在机先""先事预防""随机利导"，激励后之学人，"储其见闻，厚其根底，由博返约，握住八纲重心，庶得其运用精神"。《霍乱证与痧证鉴别及治疗法》附录经验方连理汤，方中有黄连、白术、人参、干姜、甘草，即理中汤加黄连，治霍乱寒热夹杂，中寒上热者。《冉氏伤科效方》止痢丸：黄连一两，干姜二钱五分，苦参五钱，芍药一两，甘草一两。先德教授导读中着重指出："临床用芍药，重通不重涩，重泻不重补，乃师承《本经》《伤寒》而来。"

阳既称太，由阴出阳，本寒而标热，病理上不化热即化水。短气烦躁、鞕满剧痛陷胸证水热并结于上，主以大陷胸汤，硝黄挟甘遂水热齐下之大剂也。水与血结于血室，妇人腹如敦状，大黄甘遂汤主治。本方大黄四两，甘遂二两，甘遂量大，其性又径情直行，故佐以黏腻柔缓、吸收滞缓之阿胶二两，俾药力直达下焦，泻下焦之热，逐下焦之水，热解水去，血自当下。肠痈，毒热内郁，气血壅滞，大黄牡丹汤硝黄开结、冬瓜仁消肿、桃仁丹皮消瘀解凝。先生临床习用减硝黄之半，加重冬瓜仁，再加三七末及土贝母、土牛膝、土木香之属治盲肠炎，效著。《外台》桔梗白散、走马汤、《千金》三物备急丸均用巴豆，或去皮熬脂，或捻取白汁，或捣合蜜丸。草本药之暴烈，未有甚于巴豆者，捣锐攻坚，靡阴不消，靡坚不破。更衣丸芦荟七钱，朱砂五钱，滴酒为丸，古人入厕必更衣，故名之。芦荟无大黄下泻后反收涩之弊，优于大黄，朱砂寒滑走窍，丸以酒制，又好酒下，以资兴奋斡运。硝石大黄丸、当归承气汤、新加黄龙汤一脉相承，皆以调胃承气为其本方，或加参、归，或加归，或加人参、海参、地麦、元参、当归，泻而兼补，纳泻下于补益润育之中。清凉饮子，后人改名四顺清凉饮，大黄通滞、当归活血补血、赤芍润沃通便、甘草调肠胃、薄荷清芳凉散，补泻兼施，表里气血皆承顺。四制大黄丸，大黄一斤，童便食盐浸、晒，诱导阴分；醇酒浸晒复以巴豆炒，宣通阳分；当归养血、红花活血，浸渍、炒晒，各各与大黄合为一体，用治妇人经、带、肠风、产后积血、癥瘕腹痛。男子五劳七伤、小儿骨蒸潮热等证，不宁治实证，兼可治虚证，且治实而夹虚，虚而夹实等，大黄功能发挥尽致，神而明之，在用之者造诣何如耳。三一承气汤乃改原本大承气汤，加甘草一两混合而成，用治阳明病蓄热内甚，火极似水，热深厥深之证。

调和剂共辑24方，大柴胡汤、小柴胡汤、四逆散、桂枝汤、桂枝加芍药汤、桂枝去芍药汤、桂枝加芍药生姜人参新加汤、桂枝去芍药加蜀漆龙骨牡蛎救逆汤、甘草干姜汤、芍药甘草汤、大半夏汤、小半夏汤、橘皮汤、橘皮竹茹汤、二陈汤、平胃散、越鞠丸、藿香正气丸、六和汤、四神丸、逍遥散、香汗散、调中益气汤、麻仁苏子粥，其中仲景方14首，该14首仲景方中桂枝汤类方占5首，从中可以窥见先生调和剂遴选标准的学术渊源。

"和"本义指声音相应和（"和"读四声）。原义指古代乐器

"龢"及其发出的声音,始见于商代甲骨文中。《说文》"和,相应也",《广雅》"和,谐也",《老子》"音声相合",《易·中孚卦》"鸣鹤在阴,其子和之"。引申多义,如和谐、协调,《书·尧典》"协和万邦";适中,恰到好处,《礼记·中庸》"和也者,天下之达道也";中和,"中"与"和"密切相关,《说文》"中,和也",《礼记·中庸》"喜怒哀乐之未发谓之中,发而皆中节谓之和"。"中"又可以引申为"平"与"和",《国语·晋语》"中,平也"。"中"是天下之大本,《汉书·扬雄传》"立政鼓众,动化天下,莫上于中和,中和之发,在于哲民情"。"和"还可引申为和顺、和平、和睦、融洽,儒家提倡"仁德尚和、和顺自然"的理念,人处在自然与社会复杂系统中,以平气为大道。《易·乾·彖》"乾道变化,各正性命,保合太和,乃利贞",万物协调并济形成的最高的和谐,称为"太和"。元亨利贞、生长收藏,冬去春来,贞下起元,生生不息,变化日新,保合太和。圣人之利贞也,其深层的哲学意蕴是阴阳激荡相移是最终的必然趋势,阴与阳的完美统一,真际与实际辉映的境界。自然和谐、人与自然和谐、人与人和谐、人自我身心内外和谐,大化流行,各得其正,得以顺利发展。在传统文化中有一个古老的哲学命题,最早见于《国语·郑语》史伯对郑桓公的谈话:"夫和实生物,同则不继。以他平他谓之和,故能丰长而物生之,若以同裨同,尽乃弃矣。故先王以土与金、木、水、火杂以成万物",强调了事物差异性的统一与和谐是事物发展的内在动力,而完全等同的事物或等同因素的重合,是排斥差异性的直接同一,将导致单一的同一体走向衰绝和灭亡。哲学家张岱年对"合"的论说有助于加深对"和而不同"的理解和认知,"合"有符合、结合之义。古代所谓合一,与现代汉语中所谓统一可以说是同义词。合一并不否认区别，合一是指对立的双方彼此又有密切相联不可分离的关系。"和合"一词起源很早，用两个字表示，称为和合；用一个字表示，则称为"和"……许多不同事物之间保持一定的平衡，谓之和，和可以说是多样性的统一。和合思想集中表现在阴阳这对范畴之中，强调多元的和谐，异质的协调，多样性的统一。无论内外、上下、大小、高低、疾徐、刚柔、消息、贞悔、吉凶、休咎、泰否、雌雄、牝牡、尊卑、损益、进退、动静，皆可概括，常常有着深刻到悖论程度的辩证性，深刻揭示了宇宙中冲突、融合、平衡、运动、发展的规律，是一种天人合一的圆融、美与生生不息真实世界的图景，是中华文化与民族心理的根本内核。和合文化的精神是一种从对立中求统一的精神，是一种从天人之分中把握天人之和的精神，是一种既有宇宙意识又有人文情怀的精神，是一种洋溢着乾健与坤顺中和之美的精神。和文化是诞育中医学的文化土壤和哲学思想，中医学将其直接引入人的生理、心理、病理、诊断、治法与方剂诸领域，形成的观念、路径、价值，放射出超越医术的人性光辉。和为圣度，是中医学最高的理想规范；身心调畅清和，是中医学本根性的不懈追求；协调、和缓、敦厚、和平、含蓄、委婉是中医和法与调和剂的精髓。

《内经》言"凡阴阳之要，阳密乃固，两者不和，若春无秋，若冬无夏，因而和之，是为圣度"，"治病必求于本"、"本于阴阳"。《伤寒论》第 58 条训示"凡病，若发汗，若吐，若下，或亡血、亡津液，阴阳自和者，必自愈"。中医认为，疾病的全过程是阴阳失调，治疗疾病的过程与目的，亦即调和阴阳。先生在调和剂总按中讲："人体内外，血脉流通，体温协调。各脏器、各液腺、各体素、各组织、各新陈代谢，既各各又相互连系，均正常、完整、平衡、安适，是为无病。倘一有乖常，则病变生焉。是病者，乃人体之失和也。就中医治疗言，表不和则汗之，里不和则吐之、下之，寒热偏胜，则温之清之，虚实相乘则宣之补之，是治疗者，乃求人体之所以和也。由生理失和，而生出病理，由病理而复归于和，而生出治疗，是整个疗法，无一非人体失和，而求其所以和为目的"。故寒热并用、补温合剂、表里双解、平其亢厉、谐和升降、燮理散敛，皆"求人体之所以和也"，可以说"八法之中，和法备焉"。调和剂共辑24方，以调和平复为原则，兼具汗、吐、下、温、清、宣、补各法，"和法之中，八法备焉"。程钟龄论病之源，以内伤、外感括之；论病之情，以八纲统之；论治法，以八法尽之。先生集毕生学识、经验，提出八纲为万病立纲，以浅见深，是规矩，是一个初步认识，规矩不能废。但八纲不能截然划分，八纲之间参错连贯，一病的传变与各纲多有关系，不能人为设限，划地为牢。病的传变玄冥幽微，变化难极，八纲难免草简肤浅。学者重点在把握八纲的重心，以神明规矩之巧，活用其精神。八法是在八纲指导下派生出的治疗方法，八纲没有绝对的截然划分，其派生出的八法同样也没有绝对的截然划分，"一法之中，八法备焉""八法之中，百法备焉"，各有界畔，各有互通。

中医论治疾病的根本法则是"本于阴阳，以平为期"，和法与各法在"求其所以和为目的"上是一致的，这是各治法间的共性，属治疗的基本大法，是中医治法的终极追求。由于人体其所以失和的情况千繁百歧，以"求其所以和为目的"的各法有各法的个性，各法有各法的特殊定义，但"和法可以统赅各法，而治疗各法，又可以共完成和法"。"和"思想是国学哲理融入贯通中医学辨证论治的理论根基，先生超然远览，定义"和法"概念，远溯并化育于中国传统文化和哲学思想之"和"范畴，根植于

《内经》大法"本于阴阳,以平为期",置于《神农本草经》《伤寒杂病论》诸经典及宋元医家学说中爬梳剔抉,参互考寻,奋起独见而不离其宗。把握范围大法而不逾矩,醇化和法精髓。一、具体入微,精义致用,核心病机基本位点明确,作用位点唯变所适、恰如分际,既避免了"下类敷衍"的泛和化,也跳出了成无己狭义概念的束缚。二、各方协和,多维调燮,和法不仅调和相互联系又相互对立的双方,还在调和诸药性能基础上,"以各药之和者,各各化合而大和之",从系统论角度建构了多维调和的新概念,深得和法精义。先生深湛的造诣在医案中得以充分展现。三、老子讲:明道若昧,进道若退,大方无隅,大音希声,大象无形,先生讲和法"无功之功,乃为极功,合整个疗法而化裁无痕,和法精神可以显",希波克拉底认为,"医学,是一门科学,也是一门艺术",相较于西医,中医更显艺术性,尤其需要医者的悟性与灵感。研究学问讲境界,和法的运用,和法精神的体现,一体视之。四、中医学是一门追求人的健康及其以自主适应、自主疏通、自稳调节为动力机制的生生医学。中医认为,生命体是一种自稳态的主体性开放系统,阴阳自和是基本的自稳态模型,先生称自稳态机制曰"体工",和法的作用与目的在"应和体工","上焦得通,津液得下,胃气因和,身濈然汗出而解",即小柴胡汤调动体工,助正祛邪的范例。五、中医讲"守中央,通四方",执中央以运四傍,举凡矛盾双方的各维均在和法调节范围之列,和也者,中也者,允执厥中,不可偏。先生谓之"泻中寓补,降中寓升,培养中气,以为健极四运之本",推崇"内而可外,通而寓补,饮食消息,为和法之中最和者",桂枝汤药后啜热稀粥,小柴胡去滓久煎,大半夏汤和蜜扬之二百四十遍,麻仁苏子粥水研取汁煮粥啜粥,借谷气以资鼓荡兴奋,深得和法真谛。四神丸"以和肾者和脾,以和肝者和胃。水土合德,土木无忤,从资生制化源头处着力,命意颇超,和法中不可少此一则"。

小柴胡汤为和解少阳之主方,柴胡微苦微寒,清少阳微火,其气芳香,适合火郁发之之义,公认的发表药。而《神农本草经》谓柴胡主治心腹胃肠结气,实为和里药。方中半夏之降,芩之清,参之补,皆从里立法,小柴胡汤是以和里者以和表。《伤寒论》第101条"凡柴胡汤病证而下之,若柴胡证不罢者,复与柴胡汤,蒸蒸而振,却,复发热汗出而解",柴胡清轻生发,助人参托邪外出,堵邪内入,正气振奋与邪抗争,出现剧烈寒战"蒸蒸而振",邪与正争,顽抗阻遏之态势曰却。正伸热发,热发汗出,汗出而解,乃少阳枢机通利,三焦畅达,津液得布,胃气因和,营卫通达,上下内外,整个全体大和,层层合和之义昭昭。

《朱子语类》卷十三:"若得胸中义理明,从此去量度事物,自然泛应曲当",小柴胡汤和枢机,解郁热,畅气血,攻补兼施,寒热并调,为和解少阳之主方,后世誉为"和剂之祖",凡外感内伤,男女老幼,只要病机符合少阳枢机不利,皆可放胆用之,无不左右逢源、泛应曲当。先生认为"欲知柴胡的药理,须先知少阳的生理",十一经皆取决于胆腑一经,五脏六腑皆归三焦连系为一,外出腠理,通于皮毛。柴胡微苦微寒,清少阳微火,其瓤空象三焦网膜之形,五脏六腑赖三焦网膜连系,为各各往来之道路。此间气结,脏腑气结;此间气通,脏腑气通。小柴胡汤可清可温,可升可降,可和表以和里,可和里以和表,明了小柴胡汤的深层义蕴,推而广之临证遣药组方如运筹帷幄。小柴胡汤煮后去滓再煎之法及七个或然症加减应用极寓深义,值得再三探究。煮后去滓再煎之法是由小柴胡汤证的基本病机决定的,旨在使不同性味的药物气味醇和、寒热偕行、攻补兼施,作用于同一枢机，最大限度发挥燮理、和解作用。仲师采用煮后去滓再煎一法，除小柴胡汤外尚见于大柴胡汤、柴胡桂枝干姜汤、半夏泻心汤、生姜泻心汤、甘草泻心汤、旋覆代赭石汤以及桂枝加芍药生姜人参新加汤（该方"以水一斗二升，煮取三升，去滓，温服一升"几与"小柴胡汤煎法同例，久煮以浑融之"）同出一辙，或和解半表半里之枢机，或和解半上半下之枢机。少阳为游部，内连脏腑，外通皮毛，方后七或然症加减变化，举例示人机圆法和之无穷，药物作用在同一枢机位点上，可表可里，可虚可实，关键在核心病机的基本位点与方治性能的作用位点同符合契。小柴胡汤用参草扶正托邪外枢，大柴胡汤用芍药、枳实破滞散结内枢。若表证渐解，里证已急，可加大黄，非本方要有大黄或必用大黄，本方有须加有无须加，有可加有不定必加者，不可拘泥于以大黄分大小柴胡汤。四逆散主治少阴病四逆，或咳，或悸，或小便不利，或腹中痛，或泄利下重等证。证名四逆、方名四逆，出于少阴篇，而方药四味平淡无奇，服量仅方寸匕，何以回阳愈厥。本四逆非阳亡无以贯注四末之四逆，乃三焦气机郁滞，阳气不能宣昭通达，唯予畅达气机，从二柴胡之法，气通则阳回，阴阳相顺接则厥愈，和法运用之广，功效之伟，令人叹为观止！

桂枝汤为《伤寒论》第一方，柯琴赞其为"仲景群方之魁，乃滋阴和阳，调和营卫，解肌发汗之总方也"，先生谓桂枝汤"为和剂之主干方"。主干者，主体部分，起决定作用的人物或力量，这里指桂枝汤在和剂中的主导地位和作用。"桂枝刚中寓柔，芍药柔中寓刚。加甘草以和中，姜枣以和营卫，啜粥升发以和胃气，不宁和表里，和气血，并和诸药。又以各药之和者，各各化合而大和之，善用者应用无穷。桂枝和而不烈，刚而不燥，不啻配合良好之温煦暖营，兴奋体工之妙剂。无论其他，即此一味，已深得和剂之精髓。"连用十"和"字，一气呵成，深得和剂之真髓。"可发汗、可止汗，可祛邪、可扶正，可降逆、可升陷，可通利小便，可固摄小便，并可宣灵窍以回苏，柔经隧而镇痉"，连用九"可"昭示桂枝汤无往不利之功用，非学验俱丰，其解析不能如此贯通融会。"至若合麻黄则发汗，合五味则降冲，合茯苓则利水，合桃仁则除瘀，合芍药、饴糖则建中"，连用五"合"字深谙桂枝汤随证配伍之妙。先生释桂枝汤，将其义蕴发挥淋漓尽致，读之酣畅醒豁，上下通泰，自桂枝汤问世两千余年，中医方解中难得一见的美文。

太阳中风旨在太阳病"脉浮，头项强痛而恶寒"基础上出现"发热、汗出、恶风、脉缓"的一种太阳病，桂枝汤主之。因之，高等医药院校教材《方剂学》将其辑入解表剂，纳入辛温解表方。太阳中风其基本病机为风邪袭表，卫强荣弱，营卫失和，桂枝汤解肌祛风是其调和营卫功能之一，但其功绝非仅仅限于治太阳中风外证的营卫不和，而是广泛地应用于非外邪所致的营卫不和，如《伤寒论》第53条"病常自汗出者，此为营气和，营气和者，外不谐，以卫气不共营气谐和故尔。以营行脉中，卫行脉外。复发其汗，营卫和则愈，宜桂枝汤"之营和卫弱。《伤寒论》第54条"病人脏无他病，时发热自汗出而不愈者，此卫气不和也。先其时发汗则愈，宜桂枝汤"之卫气不和，皆非太阳中风之表证，乃杂病所致的营卫不和或卫气自身不和，以及《金匮》黄芪桂枝五物汤治营卫行涩痹郁之肌肤麻木不仁，《金匮》"妇人得平脉，阴脉弱小，其人渴，不能食。无寒热，名妊娠，桂枝汤主之"，以治妊娠恶阻。文中"无寒热，名妊娠"，明确告知本证非表证，"不能食"乃胎气上逆致胃气不和，用桂枝汤和脾胃治恶阻。又如《伤寒杂病论·辨霍乱病脉证并治》"吐利止而身痛不休者,当消息和解其外,宜桂枝汤小和之",吐利止里证愈而身痛不了了,当消息之和解之,不可大发其汗,宜桂枝汤小和,少少与服,不能过量。若一服汗出病瘥,停后服,不必尽剂。和解一词在《伤寒杂病论》中指桂枝汤,非小柴胡汤,是较成无己解析小柴胡汤更广泛意义上的定义。

"当消息和解其外,宜桂枝汤小和之","消息"一般解释为斟酌的意思,犹云灵活、变通。古之"息"有两义,兼有"生息"和"止息"之义,《尚书·洪范》"鲧窃帝之息壤以堙洪水","息壤","息,生也",《淮南子》"息壤者,言土自长息无限",贾谊《鹏赋》云"合散消息兮,安有常则",这里的"息"便与"消"相对,乃生长之义,《左传》王者之迹息,即"休息",乃"止息"之义。消指减损、消退,事物向下的趋势,息指增长、上升,事物向上的趋势,事物运动变化的"消"与"息"并非呈单一的时空递衍顺序,而是彼此同步,交感互作。阳息阴消,阴息阳消,"当消息和解其外"之"息"与"消"相对,乃"生息""生长"之义,非仅限于斟酌之义。王永炎院士《把握气运·寻踪国学哲理·诠释辨证论治》讲:"举凡既有关联又对立、亦此亦彼属性的一切事物,如阴与阳、动与静、邪与正、黑与白、顺与逆、显与隐等均是彼此消息对称,正负相抵,具有变化流转而辨证、交替、互根、统一的规律。""消息"一词展示了"负阴抱阳,冲气为和"的国学哲理,形象生动地体现了这一规律。

《经方实验录》讲"桂枝汤证四字,其义较广,中风二字,其义较狭。易言之,中风特桂枝汤证之一耳",可谓言简意赅,一言中的。该书治湖北人叶君暑月当风饮冰、吐绿色痰浊案,谢先生三伏天畅饮冰淋汽水、重棉叠衾、凛然形寒、腹痛后重、下利脉浮案,沈君瘦鹤夜进冰淇淋兼受微风、恶风便溏、额冷案,孙椒君夏日进梅浆、病下利、恶风汗出案，皆以桂枝汤酌加对症之药而愈。姜佐景按曰："然则桂枝汤实为夏日好冷饮而得表证者之第一效方，又岂唯冬日北地之伤寒而已哉？"书中尚记载有妇人脑疽病，"周围蔓延，其径近尺许"，轻投桂枝汤而愈，益信丁甘仁先生之言，"脑疽属太阳，发背属太阳合少阴"。姜佐景治妇女月事衍期量少，无表证，脉缓、微恶寒，纳减，"血运迟滞，胃肠虚弱"，肝郁脾虚之证，主以"桂枝汤以和之"，曹颖甫先生以"桂枝汤功能疏肝补脾者也"，简括之句表其功，成不诬也。姜佐景发挥其功曰："若夫素体虚寒之老人及妇人服此，诚有意想不到之功力。故仲圣以本汤为温补主方，加桂即治逆气冲气，加附子即治遂漏不止，加龙骨牡蛎即治盗汗失精，加白芍饴糖即治腹中痛，加人参生姜芍药即治发汗后身疼痛，更加黄芪当归即泛治虚劳，去白芍加生地麦冬阿胶人参麻仁，即治脉结代心动悸，无一非大补之方。综计《伤寒论》中，共一百一十三方，由桂枝汤加减者乃占二十余方。然则仲圣固好用补者也，谁谓伤寒方徒以攻劫为能事乎？"

《伤寒论》113方（禹余粮阙方），直接以方名证者，唯第34条"太阳病，桂枝证，医反下之，利遂不止……"《辨可吐第十九》"病如桂枝证，头不痛，项不强，寸脉微浮，胸中痞鞭、气上撞咽喉，不得息者，此为有寒，当吐之"。第101条，"伤寒中风，有柴胡证，但见一证便是，不必悉具。凡柴胡汤病证而下之，若柴胡证不罢者……"。第103条，"太阳病过经十余日，反二三下之，但后四五日。柴胡证仍在者，与小柴胡汤……"。第149条，"伤寒五六日，呕而发热，柴胡证具，而以他药下之，柴胡证仍在者，复与柴胡汤……"。"桂枝证""柴胡证"犹如昵称，郎朗亲切，其余百十方均未直接指称证名，足以说明桂枝汤、柴胡汤在仲圣心中的重要位置。柴胡汤作为和解剂的代表方，学界对此的认知是统一的，但桂枝汤作为和解剂的主方，其性质类属学界尚未达致共识。

理解争鸣是学术昌明的沃土，定于一尊，万马齐喑是对学术生命的禁锢。桂枝汤性质属于发汗剂还是止汗剂，历代医家聚讼不已。不同学术观点的交锋，均从《伤寒论》原文解读，主张发汗剂的依据有第42条"太阳病，外证未解，脉浮弱者，当以汗解，宜桂枝汤"，第53条"复发其汗，宜桂枝汤"，第54条"先其时发汗则愈，宜桂枝汤"，第56条"仍在表也，当须发汗……宜桂枝汤"，第57条"伤寒发汗已解，半日许复烦，可更发汗，宜桂枝汤"，第234条"阳明病，脉迟，汗出多，微恶寒者，表未解也，可发汗，宜桂枝汤"，第240条"脉浮弱者，宜发汗……发汗宜桂枝汤"，第276条"太阴病，脉浮者，可发汗，宜桂枝汤"。主张属于止汗剂的依据有第12条"太阳中风……阳浮者，热自发，阴弱者，汗自出……桂枝汤主之"，第13条"太阳病，头痛、发热、汗出、恶风者，桂枝汤主之"，第95条"太阳病发热、汗出者……宜桂枝汤"，第16条中强调"桂枝本为解肌，若其人脉浮紧，发热汗不出者，不可与之也。常须识此，勿令误也"。争议各方从原条文中找到文字依据以申明其主张，印定在章句之下而忽其大略。

先生历来主张读书要重在领会精神，桂枝汤属发汗剂或是止汗剂之争，在以临床为依据的前提条件下，关键在抓住该证核心病机，给予解读。桂枝汤是中风表虚证之的方，该证主要病机为卫强营弱，营卫不和。桂枝汤解肌和营卫，辅以药后啜热稀粥补助药力，并温覆一时许取微似汗达到调和营卫汗出表解。《医宗金鉴》对桂枝汤功能辨析简洁、"桂枝辛温，辛能散邪，温从阳而扶卫，芍药酸寒，酸能止汗，寒走阴而益营，桂枝君芍药，是于发汗中寓敛汗之意；芍药从桂枝，是于固表中有微汗之道"，先生赞曰"两两配伍，温润和煦，如冬日可爱，恰到好处"。经方大家曹颖甫给予进一步发挥，"方用桂枝以通肌理达四肢，芍药以泻脉络，生姜、甘草、大枣以助脾阳，又恐脾阳之不动也，更饮热粥以助之，而营阴之弱者振矣。营阴之弱者振，然后汗液由脾而泄于肌腠者，乃能正出皮毛，与卫气相接，卫气始无独强之弊，所谓阴阳和而自愈者也"，章虚谷以方立法，提出桂枝汤"从脾胃以达营卫，周行一身，融表里、调阴阳、和气血、通经脉"，全面完整地认识理解桂枝汤方义。柯韵伯强调"凡头痛发热，恶风恶寒，其脉浮而弱，自汗出者，不拘何经，不论中风、伤寒、杂病，咸得用此发汗；若妄汗、妄下，而表不解者，仍当用此解肌……愚常以此汤治自汗、盗汗、虚疟、虚痢，随手而愈"。师其法，广其用。《伤寒论》第53条、第54条证治，论非外邪引起的自汗出证和时发热自汗出证之营卫失和，第234条论阳明病里实不著，太阳表证未解之"汗出多，微恶寒者"，不论内伤或外证，皆宜"桂枝汤"。

桂枝汤解肌发表、滋阴和阳、调和营卫，取微似汗以解肌；通过营卫调和，赋能卫外为固，营阴内守，获得取微似汗的高概率，而实现止汗，桂枝汤是为和剂，先贤谓之和方之祖，先生誉为调和剂之主干方，真知卓识，吃透和法精神。

姜佐景有言"病人之证随时变化，决不就吾医书之轨范"，常读王叔和，不如临证多，唯变所适以因应之，是乃圆机活法。桂枝汤重在汗出，汗不出，便非桂枝证，论中第16条有明示。从临床脉证讲，不乏无汗用桂枝汤的案例：曹颖甫治湖北人叶君案，暑夜当风饮冰，恶寒、头痛、身无汗，头汗不多，吐绿色痰浊，桂枝汤加浮萍，生姜用至五片一诊而愈。治王右案，无表证，脉缓，月事后衍量少，恶寒、背甚、纳谷减，肠胃虚弱，血运迟滞，以桂枝汤和之。姜佐景在按语中称"桂枝汤直是一首补方，纵令完全无病之人，亦可服此矣……若夫素体虚寒之老人及妇女，诚有意想不到之效力"，无汗不得用桂枝汤是针对典型的单纯的太阳伤寒表实证，不可与桂枝汤。论中第88条"汗家，重发汗，必恍惚心乱，小便已阴疼"明示平素盗汗或自汗之人阴阳气血津液不足，禁用辛温发汗。桂枝汤能发汗而非典型的辛温发表剂，桂枝汤能止汗而非寻常敛汗固表止汗剂。有学者谓："桂枝汤之止汗作用，必须通过发汗才能实现"，证之临床，固然大都如此，例外者也不乏见。前王右案，服桂枝汤后不汗出，但觉周身温暖而已。姜佐景按曰："服后之现象等于方药加病证之和，非方药可得而独专也。详言之，桂枝汤必加中风证乃得'药汗'出，若所加者非中风证，而为如本案（王右）之里证，必不得汗出，或纵出而其量必甚微，甚至不觉也。吾人既知此义，可以泛应诸汤。"

笔者曾治一古稀男性，时阵发燥热即汗出，汗收则体肤冰凉，鸡鸣之时尤甚。恶风恶寒，四末不温，喷嚏频作，连连不断，鼻流清涕，舌淡、苔薄白，口中和，脉缓而弱，辨证为素体阳虚，表卫不足兼冒触风寒，主以桂枝汤加附子汤调和营卫，扶阳固表，守微火煎煮、啜热粥温服法及宜忌，午后始服，半日服完一剂，是夜汗止尿频达五六次，体肤温暖舒适。晨起，恶风恶寒已减大半，偶有鼻塞流涕。效方不更，一日一剂，续进两剂即愈。

论中仲师谆谆重教，再三叮咛，服桂枝汤已，须臾当饮热稀粥以助药力，温覆一时许，遍身漐漐微似有汗，病乃悉去，此汗名"药汗"，有别于"头痛、发热、汗出、恶风"，"病常自汗出""时发热自汗出""盗汗"之"病汗"。姜佐景在谢先生案按语中辨析"病汗""药汗"十分透辟、贴切："'病汗'常带凉意，'药汗'则带热意，病汗虽久，不足以去病，药汗瞬时，而功乃大著，此其分也。有桂枝证者来求诊，与桂枝汤，告之曰：'服此汗出，病可愈矣。'彼必曰：'先生，我本有汗也已'。夫常人不知病汗、药汗之分，不足为责。独怪一般医家尚有桂枝汤能发汗、能止汗之辨，呶呶相争，无有已时。不知以中风证而服桂枝汤，'先得药汗'，是'发汗'也，'病汗'遂除，亦'止汗'也。是故发汗止汗二说，若以为非，则均非；若以为是，则均是"。

柯韵伯注《伤寒论》第13条曰："本方重在汗出，汗不出者便非桂枝证"，程门雪批注曰："然南人体弱汗不出，亦不必用麻黄汤，只须用此汤，每用屡验，非虚语也。若汗不出而脉弱者则若何？曰：仍用桂枝，少加白芍，或去芍可也，以芍能敛汗。若汗不出而脉不弱者，则若之何？曰仍用桂枝，去甘枣可也。医贵活法，不必泥于注家之言，只须通其意可矣"。先生注曰："观本方方注曰：遍身漐漐微似有汗者益佳，是桂枝原可出汗。曰不可令如水流漓，是桂枝并可多出汗。又曰不汗后服小促其间，又曰若汗不出，乃服至二三剂，是汗不出，桂枝更可令其出"。陆渊雷曾发出桂枝汤证"本自汗，药汗与病汗将何从辨也"之问，前文姜佐景给予了回答。先生提出桂枝汤"原可出汗""并可多出汗""更可令汗出"，将何以解读。"遍身漐漐微似有汗"是服桂枝汤并遵法将息，营卫调和，体工兴奋之药汗，此汗生于谷也，可名之"正汗"。"如水流漓"之"多出汗"，乃病家禀赋不足或素体较弱，卫阳不固，营阴失守，或没有遵循方后注诸要求，或啜粥太急、过热、量多，或温覆较厚，将息失度，药过病所，致大汗伤正，几有亡阳之虞，是为"虚汗""病汗"。"若不汗""又不汗""若不汗出""乃服至二三剂"，大都归究于或体虚，或病久、药力不逮，服至二三剂汗出，是为"药汗"，先生总结诠释桂枝汤"太阳中风病用此，和而不烈，刚而不燥，温煦暖营，兴奋体工，可发汗，可止汗，可祛邪，可扶正，并可醒灵窍以回苏，柔神经而止痉，顾用之者体会到如何程度耳"。"体会到如何程度"，取决于中医学人智慧与学识，临床阅历之造诣，经方大家江尔逊认为"欲识此方的作用——调和营卫，须识此方证的病机——营卫不和；而欲识其病机，须识其生理——营卫和谐之道"，并征引《灵枢·营卫生会篇》"人受气于谷，谷入于胃，以传于肺，五脏六腑，皆以受气，其清者为营、浊者为卫，营行脉中，卫行脉外，营周不休，五十而复大会，阴阳相贯，如环无端"以申明其说，逊师强调营卫血气阴阳一体论，桂枝汤调和在外的营卫，也能调和在内的血气阴阳，所谓和者，外证得之解肌和营卫，内证得之化气调阴阳。

《伤寒论》方后注文是条文的重要有机组成部分，系统论证了药物的炮制、剂型、加减、煎煮、服法、忌宜、药后反应，直接关系到辨证论治的功败垂成。特别是桂枝汤方后注文中所列各项事宜，焕发出和法神韵，充分体现出和法精神，具有示范与辐射影响。桂枝汤方中桂枝、甘草、生姜、大枣开胃健脾调和中州，白芍益阴养血，滋润肝脾，酸收之中，兼有行、散作用，"收"得洽中分际。桂枝汤实际具有调和脾胃的作用，进而调和营卫，调和血气，调和阴阳，既可用于太阳中风证，又可用于各种变证或杂病。"微火煮取"，使药力尽出，性味醇厚。"啜热稀粥"鼓舞胃气，滋养营卫大源。温覆取微似有汗，中病即止，切忌大汗淋漓，避免伤及阳气阴精。饮食禁忌之法"禁生冷、黏滑、肉面、五辛、酒酪、臭恶等物"，既是病情的规定性，同时也是保养胃气的需要，人以胃气为本，有胃气则生。诸如《金匮要略》治柔痉之栝蒌桂枝汤"水煎分三次服，取微汗。汗不出，食顷，啜热粥发汗"，治黄汗之桂枝加黄芪汤"须臾，饮热稀粥升余，以助药力，温覆取微汗……"，以及五苓散、四逆散、牡蛎泽泻散"白饮和服方寸匕"，《周礼》"白饮者，白米汤也"。以谷气固护中土，与啜热稀粥如出一辙，皆以胃气为本，借谷气以充养之。即便是泻热逐水之十枣汤，也无不体现出和法精神，"先煮大枣肥者十枚，取八合去滓，内药末——得快利后，糜粥自养"，大枣甘缓，固护胃气，调中缓急，驾驭峻猛的大戟、芫花、甘遂，方制标名十枣，药后糜粥自养，凸显和缓意绪，犹能启迪学人心智。胡希恕临床用治实证胸水、腹水，"取大枣半斤至一斤放入锅中加水煮开，小火继续炖，至大枣皮核分离时将其撇出，锅中仅留枣肉与枣汤，放入三药6至9克再煮，如一般煎法煎好后，去掉药渣，药液少量频服，得下利则止后服"，用药如用兵，节制之师，取效速而无戕伐，关键在大枣之用，既甘以补中，又甘以缓急，使峻猛之药缓缓发挥作用而不伤正。桂枝作用有二：温宣升发以和表，温煦窜利以和里。芍药作用有二：柔缓桂之外越以和里者和表，引导桂之内入，以和表者和里。桂枝加桂氤氲鼓荡，旋乾转坤，温宣温和解外寒复内阳。桂枝去桂助脾转输以去水饮内停之证。桂枝加芍益阴和阳，桂枝去芍振阳益阴。甘草干姜汤、芍药甘草汤和阴者以和阳，橘皮汤治中枢不能斡旋之厥逆轻者，橘皮竹茹汤以疏利为平导中气之逆，以补益为斡运中气之本。平胃散所以使中气抵于平和，越鞠丸和外和内之惯用和法，逍遥散和气解郁，藿香正气和里以和表，六和汤除湿理脾，和中醒气，四神丸和肾者和脾，和肝者和胃。调中益气甘以益中，散以升清，以补为升，以升妙用，香汗散以和法为汗方之方，为翠袖单寒，体弱不胜，偶为风寒所欺，出此轻灵妙婉之剂，麻仁苏子粥泻中寓补，降中寓升，以泻妙补，培育中气，为健极四运之本。内而可外，通而寓补，饮食消息，为和法之中最和者，平平润育，赫赫醒豁。和法与各法，分之各具其功，合之互致其用，殊途同致和之目的。

温寒剂共24方，其中伤寒方12首，金匮方5首，局方6首，孙天仁集效方1首，彰显了仲景方在温寒剂中的地位和作用。人之生命系于阳气，内经讲，"阳气者，若天与日，失其所则折寿而不彰"，阳虚则寒，阴虚则热，阳气源于先天精气与后天水谷之气，后天谷气以先天精气为根，先天精气以后天谷气为培育，故温寒剂以温中温下并重，尤重温下，从根本处着力。大建中汤补中温中，建立中气，旋转上下，所谓病在上下，治其中也。理中丸为温中主剂，平调脾胃，奠定中土，培育中焦生生之气，以为理定阴阳错杂，斡旋挥霍撩乱之师。附子汤治下焦少阴阳虚之方，附子温暖水脏，参术双补脾胃输精于肾，温下不忘温中。干姜附子汤中下同温，两扼其要。真武汤温以化气，气化水行，所谓温肾崇土制水也。吴茱萸汤温暖厥阴，振起东方颓阳。吴茱萸气味俱厚，具特殊臭气，冲动力大，擅长开通经隧，深入浊阴，并可用于血不上达之脑贫血、血塞血栓之病，又有别于温中温下也。诸四逆辈中，阳微于里，主以四逆；阳格于外，主以通脉；吐下已断，阴阳气并竭，主以通脉四逆加猪胆汁汤；上下隔绝，主以白通；上下隔绝，阴阳俱竭，主以白通加人尿猪胆汁汤。四逆汤温肾回阳，四逆散治气郁之四逆，当归四逆温血养血治血分之四逆。大乌头煎、乌头煎、乌头桂枝汤三方大温有毒，较四逆用附更进一层，未可轻率一掷。三健丹壮元阳，补真气，二石各具异秉以降为升，以性为通，萃为双璧，又合于少火生气之附子，方制简而义理宏深。"凡少阴不至，脑部气竭气阻，可以此达之充之。而脑部血塞血栓，亦可借此贯之通之"。三生饮南星、附子、乌头加木香，前三味生用，积健以为雄，青州白丸子南星、附子乌头加半夏水研、取浆、澄粉，久漂久晒，化刚为柔。三生饮系治风厥、痰厥、气厥之属于寒者，行速力大，青州白丸子"用以治产后中寒、小儿中寒，因之神经障碍及气厥、痰厥之属寒者，实为有效"。黑锡丹用葫芦巴、补骨脂补肾之体，肉桂、附子益肾之用，黑锡、硫黄沉降归肾，沉、木、茴、蔻、金铃子五香药通利之，合奏镇纳、醒豁之功，用治下元冷痼，阴寒上冲，上实下虚之证。灵砂水银伍硫黄交媾心肾，既济水火，降纳镇潜，可治虚，可治上实下虚，又可治内虚外实。半硫丸治疗炫癖冷气，及老年泄泻，风秘冷秘等证。先生从学理深层提出"《内经》半夏秫米汤，降其气，即所以敛其阳。本方半夏与硫黄同用，纳其阳，即所以补其气。仲景方注有云，补气加半夏，此方真做到半夏补气境诣。以故就温中言，硫黄直入命门，以培火化之根；就温下言，半夏降纳归肾，用广补气之蕴"，揭示出深刻的义蕴。金匮赤丸主治寒气厥逆，方用乌头、细辛大温回阳通气，半夏降逆，茯苓利水，气化水行，阳回气通。朱砂体阴用阳，"能通乌辛所不能通之气，能降苓半所不能降之逆"。集效方雷丸三乌毕萃，益之以硫黄、木鳖，导之以麝香、丁香"靡阴不消，靡幽不触，靡结不散，故能起枯朽于冷痼败坏之余"。先生提出用灸，和艾绒作小团，隔姜频频灸之，以（之）为治冷痼瘫疾顽风者另辟一蹊径，不必拘拘于熏之一法。当归生姜羊肉汤养血温气，扶正祛邪，以服食为药饵。用治气滞寒凝之寒疝，产后虚寒诸证，以温为散，以补为通，实寒、虚寒两两可治。桂枝汤温暖营气和表，本方温暖营气和里。温寒剂诸方，温而兼补，兼涩、兼香窜、兼镇纳，"或摄上越之浮阳，或启东方之生气。或不温之温，通经隧以为接引，或大辛大温，借漂制以去毒烈，又或起亟藏阴，降剂即是补剂，回厥通阳，反药都成良药"。先生在本章按语中特别强调："至大苦大寒之剂，而反诱起炎症，增高血压；大辛大温之剂，而反减少氧化，降低血压。火极似水，水极似火，学者会常变而通之，整个方学深层义蕴在此矣，又岂温剂一门而已哉。"

清热剂共 24 方，根据先生研究分析，龙胆泻肝丸"其必晋唐间名医所拟，而局方收之，东垣用之"，则晋唐以前方 6 首，金元以后方 18 首，与温寒剂经方古方与时方之比适反，汉唐以前，温寒为多，金元以后，清热为多。乃历史变迁，气候流转，影响风俗、习惯、学术之差异出入。黄连阿胶鸡子黄汤泻热益阴，交媾心肾，用治液伤热亢、虚反成实，热炽液耗、实而夹虚之证。黄连解毒散清热之功甚大，芩、连、柏、栀四苦寒药冶于一炉，再加石膏、淡豉、麻黄，名三黄石膏汤，彻里彻外，为热证表里俱实之主方。犀角大青汤，即黄连解毒散加犀角、大青、玄参，用治热毒发癍。其甘寒、苦寒、咸寒合化，而兼疏利外托。犀角地黄汤，益阴滋液，解毒清热，用治热伤血分之吐、衄、蓄、瘀、溺、崩，较之犀角大青汤除热之力为逊之。黄连解毒散清热消炎，较犀角大青汤疏利透达逊之。除热意在透癍，透癍即所以除热；透癍意在化毒，透癍即所以化毒也。龙胆泻肝汤为泻肝火之要方，主治肝胆湿热不利。龙胆草味苦质浓，涤荡燥火，涵濡阴液，培育生气，泽泻、木通、车前利血中之水即去血中之热，去血中之热，即去肝家之热。柴胡疏利之，归地助龙胆功效。本方方制，开后人透湿热于外，渗湿热于下先河。当归龙荟丸治肝经实火，青黛、芦荟、黄连、龙胆草大苦大寒，清热息风平燥，佐以荟、柏、大黄、栀子泻肺、肾、胃、三焦之火，麝香、木香芳香走窜，化凝滞为灵活，君以当归总筹节制，旌旗为之变色。青解毒丸寒水石石膏清澈沉着，稀释镇潜，青黛合二石化燥熯为润沃，戢肝胆浮焰而镇其狂飙。内风肝阳上亢，肝气横绝，以此方折之平之。热甚阴伤加生地，热炽毒重加犀角以广其用。胡黄连丸治小儿脾热疳疾，阴液灼伤，精华消磨，皮消肉脱，参术不能补，地麦不能滋，唯猪胆汁协同胡黄连、黄连、芦荟戢狂飙而起真阴。方制妙在将各药填入猪胆囊内，淡浆水煮数沸，使诸药融合为一。千金黄连丸，将黄连浸入生地汁中，再曝燥，复入汁内，吸干，为丸或为散，酒服。甘寒与苦寒化合，以疗热淫所胜，火炽液伤，为散酒服，散之弥散以充沛之，与寻常润沃滋培迥异。六神丸，苏州诵芬堂主人雷上允秘方，药用犀角一钱五分、雄黄一钱、珠粉一钱五分、麝香一钱、冰片一钱、蟾酥一钱，先生提出去冰片，加熊胆，义尤周匝；研极细末，酒化酥为丸，百草霜为衣；主治时邪疠毒杀灭病菌、消弭炎溃、兴奋体工，在清热剂中，别开境界。桂苓甘露饮镇热、利水、化气。五苓合六一，加石膏、寒水石镇戢浮焰，用治霍乱，温热病，烦渴引饮，小便不通，大便泄泻等证。先生释为"热炽故能灼阴，而湿极亦可化燥，且气化水行，水行热去，气到水到，液复燥平。"局方甘露饮用生地、熟地、天冬、麦冬滋腻润沃，用石药镇降，渗药通利，彻热致津，远苦寒，去滋培。正所谓有形之水液不去，无形之真阴不生。大黄地黄汤，纳大黄末调地黄汁凉血止血之要方。白虎汤，清气分燥火之主方。"清热药多苦寒，或咸寒，脱热甚津枯，火炎土燥，苦反助燥，咸反劫液，唯此甘凉微寒，庶足以戢狂飙而沃燥火"，先生进一步就"后贤或释此方为止汗剂，或释此方为发汗剂"的问题，明确回答"两两相反，实可会通"，并就病机深入阐释："盖热壅肌腠，汗腺胀闭，清其热则汗可出；热邪外逼，津液不固，清其热则汗可止，止汗发汗，非一药之两歧，乃运用之各当病机"，"各当病机"即对病机所宰制的认知，是为点睛之笔。先生一探到底，"其实本方非止汗剂，更非发汗剂也。若虚寒相搏，玄府不摄，此等汗，而可以此方止之乎？外寒闭塞，内阳不宣，此等汗，即可以此方发之乎？"连发两反诘句以强调之，若结合桂枝汤方义的阐释，更能发人三反，理解获得进阶。清宫汤方名揭出主治义蕴，竹、麦、玄、莲、连五心合犀角尖，各药用心，同气相求，取植物含生意之心，疗人身愤郁病气之心，直穷到万物一体。犀角尖清而兼透，别具一种清气。神识将昏未昏、未昏欲昏，最为合拍。四生五汁滋液而乏此宣窍透络，紫雪、碧雪、至宝、安宫，醒脑回苏，荡热救阴，功效治疗更上进一层，但清轻润沃方面实逊之。清络汤取鲜荷叶边、鲜银花、西瓜翠衣、鲜扁豆花、丝瓜络、鲜竹叶心，药用五鲜品及轻清之丝瓜络，用治暑伤气分轻证，暑证已汗，余邪未解，弥漫络脉未清者。似桑菊而不表散、似白虎而不凝重，似六一而不泄泄，一听秽浊之自澄、菁英之自复，先生赞曰"轻灵清芳"。泻白散清肺热，泻黄散治脾胃实热，二方均无攻实泻下之品。泻白散以桑白皮、地骨皮清肺中余火，补肺中不足之阴、甘草粳米补土生金，颇具法度。泻黄散以藿香、防风和表和中，石膏栀子清气血之热，妙在蜜酒合炒培育中土水谷精气悍气之基原，中气自为旋转斡运，中热得泄，伏火潜消，不清之清，不泻之泻，小儿中气秩弱，脾胃实热者最宜。凉膈散利膈宽中，疏利上中二焦。薄荷、连翘清宣，栀子、黄芩清上，调胃承气泻中，诸药为散，煎用竹叶生蜜，甘药缓之，不宁清宣，而且甘缓，重药轻投，较诸泻心汤轻灵。牛黄凉膈散醒脑通络，豁痰荡热，牛黄、南星豁痰，麝香、龙脑醒气，牙硝、寒水石、石膏、紫石英镇敛浮焰，宁谧神经，用治风壅痰实，蕴结不散，秽浊瘴疠，癫狂痉厥，昏瞀呆痴等证。四生丸取生地、荷叶、艾叶、侧柏叶四药生用，取其质清，全其水性而远火令，治阳乘于阴，迫血妄行。药用艾叶，可化各药之滞。五汁饮将梨、荸荠、麦冬、藕、芦根五鲜药取汁取其清轻之气，清凉之质，用治温病邪热已衰，余焰不炽，阴液大伤以及行将耗竭，此际苦寒益其燥，呆补又滞其机，唯此方合拍。先生提出"犀角汁、生地汁或大黄汁，均合酌加"，更适宜于热炽阴伤之先。五胆丸集猪、狗、牛、鲫、猬五胆，治小儿渴热疳疾，成人痨瘵蒸热。海上方蜗牛水用治消渴引饮，蜗牛周身分泌液汁，以液质为体质，以液汁为生命，湿化浓郁，治燥化太过之渴证，自较无情草木为灵异。

宣可去壅，宣者，布也，散也，引申为散布、疏导、宣泄。一说甲骨文为云气舒卷自如之象，恰与宣通剂运用之目的一致。但凡人体内外气血，苟病痹阻，端赖宣通之。随其病机在表、在里、在寒、在热或外发、或下夺、或温煦、或清释以宣之。宣通剂与调和剂相关密切，宣可使之和，和不仅用宣。病变纷繁，宣之范围亦广，与各类方剂既有组织界畔之规矩，更有组织互通之工巧，其深邃学理，值得彻底一研究也。防风通圣散通表通里、彻内彻外、和气和血，调整二便，疏利三焦，为整个宣通剂之代表。升麻葛根汤用治时气瘟疫，疮疹已发未发，此方甘平不倚，清扬升陷，增液透邪，葛根起阴气，芍药育阴液，升麻上达解毒，助葛根透邪，协芍草滋液，已开银翘桑菊之先端。苍术汤除热胜湿祛风，治湿热腰腿疼痛等证。二妙得防风柴胡二表药由里而表，宣发以开皮毛，治中下之湿热而求之上也，与升阳除湿、升阳去热、除湿益气相互发明。消毒犀角饮鼠粘子治恶疮、解金石毒，通十二经，彻内彻外，散而兼攻、表而兼泻，其性能代犀角，故倍于荆防表药七八倍，解毒通络，透表外出，为毒热一出路也。升麻鳖甲汤治阳毒，面赤，身斑斑如锦纹，咽喉痛，吐脓血等证，解毒杀菌，通络散结，由表透外。阳毒、阴毒同是一毒，着于阳为阳毒，着于阴为阴毒，面色青身痛如被杖，去蜀椒、雄黄，先生推广鳖甲、当归之意，主张加犀角、红花、麝香，于难救中求一生路。达原饮治瘟疫之邪伏于募原，槟榔、厚朴、草果三气药透达使出，故曰达原。原者、募原，《重订通俗伤寒论》解释"募者，横膈之膜；原者，空隙之处，外通肌腠，内近胃腑，即三焦之关键，为内外交界之地，实一身之半表半里也"。病在外，而之机窍在内，宣里而使之出。此方加羌活、葛根、柴胡名三消饮，治太阳阳明少阳合病，变疏里为里外兼疏也。三仙散治麻证发之不出而内攻，邪热袭营，蕴郁血分，以牛蒡通经，红花活血，甲珠攻坚，疏里以透表，临证不可专责发表透表之一途。宣痹汤治湿热蕴蒸经络，予以清宣下泄，宣痹活络以治湿热痹。"寒痹、热痹，乃一病之传化，湿未化热，则用辛温，已化热，则用清渗，化燥发炎，不宁用甘寒，且用苦寒，此牛膝、地骨皮均苦寒，本经所以谓之除湿痹也。"宣郁通经汤用治经前腹痛之气血郁热，丹栀清降肝火，柴胡疏解表里，黄芩、甘草和中清热。先生提出芥子可以泽兰、荆芥易之，"盖开内痹利于泽兰，舒表郁利于荆芥"，当择其善者而从之。乳香宣经丸宣通气血，尤重在气的方面。乳香、乌药、茴香、橘皮、川楝五味香药，灵仙、灵脂二味血药，血滞气滞，气行血行也。防风外达、牛膝下泄、草薢分清泌浊。草乌冲动，行气活血，通络散结，彻内彻外分消之方。以上三方宣痹宣郁，舒筋活络，行气活血,外通玄府,内通州都,为宣通剂之主干方。苍耳散清轻兼辛通,川芎茶调散轻扬清疏缓调,皆以气胜。二方轻轻透利,缓缓茶调,不散之散,不清之清。硼砂丸消炎清热,解毒利咽,噙剂含化,咽津,清轻上达,芳香透利。通关丸祛风温寒,醒脑通络。二方一通而兼清,一通而兼温,各适其宜。透顶散用治偏正头风、夹脑风、一切头风。细辛温通,瓜蒂宣通,麝香、冰片、丁香窜透,直截了当,上达至脑,以药搐鼻,是为吸剂,鹤顶丹用牙硝、寒水石泻热、胜热,二药皆白色,朱砂色赤,合之如鹤之色的而顶赤,用治头、脑、咽部之风热痰实、烦渴之病,麝香穿透达上,协二石药下纳降浊,石药协香药上达而升清,物物化化旨趣无穷。清上丸用硼砂、胆矾、青盐、雄黄解毒彻热、消炎杀菌,复用气血有情之熊胆,补胆汁、强胆气、除热通便、宁神镇静,薄荷清宣清扬,载药上浮,清风、化浊、解秽、醒脑,为治疗口腔吭嗓咽喉切要之方。华盖散疏利肺气、发表散结,疏肺以和表,寒闭外廓之设。麻黄苏子开皮毛,桑皮杏仁清肺宁肺,陈皮利肺气,茯苓祛肺痰,本方为肺感寒邪,若真正肺寒,当用干姜、细辛。感应丸宣通沉寒冷痼之方,巴豆、干姜、豆蔻、丁香大攻大下,破泄下宣,且泻且涩,不宣之宣。妙香丸温寒镇惊,豁痰宣窍,用治寒多郁闭者。活络丹温寒散结,逐痰通络,用治寒湿郁滞,经隧痹阻之证。二乌冲激,乳没香窜,南星逐痰,地龙通络,宣通他药所不能宣通。普济消毒饮用治大头天行,身半以上,天之气也,身半以下,地之气也,邪客心肺之间,上攻头面宜柴胡、升麻、薄荷、桔梗、僵蚕、黄连、黄芩、连翘、元参、马勃、板蓝根、鼠粘子、陈皮、甘草清宣升发之品,浮而上之,散而散之,总以适至其所为宜。甘露消毒丹治湿热郁蒸,挟秽浊搏于气分,利湿与芳香疏里宣外,清内不遗宣外，为清中之清者。神犀丹治津涸液枯，寒从火化之温邪入营，功能解毒清热，救津宣窍。生地育阴，金汁解毒，香豉由阴以出阳。"妙在本方用犀角、菖蒲较多，犀角为解百毒要药，功能宣利，醒豁神经。菖蒲不宁宣窍逐秽，开通痹阻，而且宣清阳以起阴气。凡温热病，通阳不在发汗，而在利小便；救液不在滋腻，而在起阴气"，此方可补安宫、至宝、紫雪、碧雪各方之未及。宣通剂24方，外宣、内宣、宣内以宣外、宣外以宣内，或清轻疏利以宣之，或重药轻投以宣之，或头、咽、胸、脘，气血经脉各各斡旋，适应以投以宣之。参错重轻，分合出入。"即变通之不拘，复精义之入神"，神用无方，宁无涯涘。

补益剂在临床上是一个大的方法，先生辑方最多，计28方，居各类方剂之首。"虚者补之""损者益之""劳者温之""形不足者温之以气，精不足者补之以味"。补益剂的目的是治疗虚证，以滋补强壮药为主组成，从而完全治愈，或部分消除，或不同程度改善一切虚证。补益剂与各剂的关系曲会旁通，"补剂可以统括各剂，各剂为治病之本，补剂又为各剂之本，各剂有兼补剂者，补剂亦有兼各剂者，更有以补剂完成各剂，以各剂完成补剂者"，其关键在"恰中奥窍"。先生强调"见病治病，以补为补，乃呆钝的补法"，病机各有不同，补法岂能一致。不补之补，乃妙于补。

小建中汤用治虚劳里急，悸衄，腹中痛，梦失精，手足烦热，咽干口燥，此方乃桂枝汤倍芍药，再加饴糖。桂枝汤化气和阴阳，加味变成温建中阳之方，变治外为治内也。"虚劳至阴趋于下，阳浮于上，阴阳气并竭，扶阳则阴灭，益阴则阳绝，无可着手"之际，"而主以小建中一法，调以甘药，以听阴阳气血之自为资始资生"，起损怯于败坏之余。此方强心暖营，从化源资生处着力,益胃扶脾不用参术,乃补法之透过一层者。芍药化刚为柔,免犯阳盛汗多热炽之戒。饴糖甘以缓之,滋培中土之生化源头,体现了五脏气血皆虚,从中治的治疗原则,《金匮》中虚劳与血痹合篇:"虚劳缘于血痹,血痹重者,用大黄䗪虫丸,血痹轻者,用此方温润温宣,盖润沃枯朽,而氤氲以鼓荡之也"。炙甘草汤原出《伤寒论》,原治"心动悸,脉结代"之证,《千金翼方》用治虚劳不足,汗出而闷,脉结代,行动如常,不出百日,危急者十一日死等证。先生昭示此方系从小建中汤对面勘出,营者水谷之精气,卫者水谷之悍气,以人工取水谷之精气为饴,取水谷之悍气为酒。桂枝飞扬,饴以驯之;地黄柔润,酒以鼓之。参、麦、胶、麻仁大队复味滋腻,更加干地黄一斤,恐其生气消索,故以温煦之桂枝生姜醒豁于其间,以酒七水八煮之,避免阴柔寂然冰伏。本方治虚劳,重在调中,故名炙甘草汤。小建中变治外为治内,本方热服,后贤用治虚人感冒,又变治内为治外。本方又名复脉汤,可使气血阴阳衰弱之代脉恢复正常,止动悸。结脉、代脉都有间歇脉,脉缓、间歇时间较短为结,脉缓而细涩、间歇时间较长、间歇无规律为代。结脉主血中之气不利或瘀血,代脉主脏气衰微,阴阳气血皆虚。心脏衰弱到如此程度,间歇不能自还,用强力的药物会出问题,只能以"甘药调之"。王绵之教授赞赏此"温阳而不燥,补气而不壅,滋阴补血而不腻,阴阳互相配合,气血互相配合,能够补心复脉",临床上用枣仁易麻仁,效果好。八味肾气丸用治虚劳腰痛,少腹拘急,小便不利等证。益水润之品以补肾之体,桂附化气宣阳以益肾之用,"滋而不腻,温而不烈,深得火能制水,少火生气之旨,名曰肾气,已将立方义蕴指出"。泽苓下泄,有形之水质去,无形之真阴生。泽苓下引可导桂附归根,苓能起阴气,泽能好颜色。肾气化，可通利小便；肾气化，可秘摄小便，不可拘于一端。薯蓣丸出自《金匮·血痹虚劳篇》，主治虚劳诸不足，风气百疾等证，为病后调摄，服饵之方，先生推为"补剂之正轨"。经方用药简单，用二十味以上者"唯去死血，补虚羸"，间或有之。本方汇集复杂，多方以求，但条理清晰之致。薯蓣主伤中、补中，入脾入肾，益精固精，用量独多，调中之甘草用量仅次之，极富小建中炙甘草之方制义蕴，"病后调摄，服饵之方"，盖基于此。佐以参、术、苓、麦冬、豆黄卷、枣膏，补中之力益增。归芍养血，干地黄、阿胶增液，桂姜鼓舞，神曲川芎疏利之，桔梗杏仁以开上，柴胡防风以和外，白蔹润沃以益涵濡，收敛以固秘摄，服以酒下以鼓荡生机，化柔润为活泼。本方续绝生机，疗诸药培育而难复之破败，"予以治虚劳不足，虚风诸燥不难矣"。补中益气汤用治气（阳）虚内热，头痛口渴，表热自汗，不任风寒，脉洪大，心烦不安，四肢困倦，懒于言语，无气以动，动则气高而喘等证。"形气衰少，阳气下陷阴中，阴虚而生内热，内不化则外不和，其表证颇同外感"，临床表现发热自汗，寒热、头痛、口渴心烦与外感风寒别无二致。东垣无愧金元大家，洞彻机窍在里而非在表，劳倦伤脾，阳气虚不能御外为固而发热自汗，但与外感病的发热迥异，一阵阵、一波波地燥热自汗，而非整天翕翕发热，蒸蒸发热，伴见疲劳状态，烦劳不息，劳则气耗，阳气虚张则自汗发热，身体稍有空间挪移则恶寒。头为诸阳之会，脾气虚陷不升则头痛、头晕，所有的症状都奔着劳倦伤脾而来。"风寒外伤，其形为有余，脾胃内伤，其气为不足"，陷升而身热可解，陷升而自汗可止，陷升而形倦可苏，陷升而气高可宁。大补阴丸治阴亏火旺，肺痿咳血，呃逆，烦热易饥，骨蒸盗汗，足膝疼痛，虚劳等证。阴虚火旺，阴愈伤而热愈炽，热愈炽而阴愈伤，急与黄柏知母大苦大寒，地黄龟板滋育镇降，佐以猪脊髓和炼蜜为丸，降阴火，益肾水。"去一分火热，即保一分阴液，留一分阴液，即保一分元气。"先生总结，"虚劳病原以小建中炙甘草为正藏法眼，脾阳下陷，东垣悟出补中益气，肾阴将竭，丹溪又悟出本方，二者各具其义，亦各登峰造极"。"正藏法眼"一为正法眼藏，正法即释佛之佛法，非旁门左道。眼藏，指佛眼能看到的一切，即世间万物，不仅看之事实，也看来龙去脉，同时本身能量大，能介入事物根本结构里去造成事实的改变。先生将实中升陷之补中益气，降火滋阴之大补阴丸与具"正藏法眼"之小建中炙甘草一体视之，充分说明二方在虚劳病治疗方剂中的标本范式地位及其对方剂学理论的创新。竹叶石膏汤主治伤寒病解，虚羸少气，气逆欲呕等证，石膏清热，参、麦、草、粳补虚，半夏降逆和胃，"协大队甘凉润沃之品，以强制而潜滋之"，为病后胃阴衰少，兼郁虚热之剂。白虎汤清热、生津，白虎加人参汤清热、益气、生津，竹叶石膏汤清热、生津、益气。清气分热是三方最大的公约数，白虎加人参汤加重了生津益气的作用，竹叶石膏汤加重了清养胃阴，培育中气的作用。竹叶石膏汤与理中丸一寒一热，胃阴脾阳并重，清补温补兼施。四君子汤用治营卫气虚，脾肺怯弱，心腹胀满，全不思食，肠鸣泄泻，呕哕吐逆之虚热、虚胀、虚泻、虚呕等，妙在茯苓甘淡渗利，助参术之健运，化甘草之迂缓。四物汤调补血分平妥之要方，用之得当，可生血、养血、和血，补血之虚，濡血之燥。生脉饮酸甘化阴，滋液扶正，用治热伤元气，气短倦怠，口渴汗出等证。"四逆汤之治脉，系从资始处着力，复脉汤及本方之治脉，系从资生处着力。"人参麦冬甘凉清沁，合五味子酸甘化阴，收敛耗散之气，适宜外邪所致的气泽损伤。琼玉膏用治虚劳干咳，血燥血热等证，本方润而兼补，"为滋养阴液方中之最清纯者"，故以"起沉瘵，赛琼瑶"名方，生地凉润多液，捣压取汁，养血填精，益髓补脑，人参、白蜜补益、润沃。"妙在茯苓渗利下泄，利膀胱以通腑阳。五苓散之桂枝，化气以通阳于外，此方之茯苓，化气以通阳于下"。外台生地黄煎主补虚损、填骨髓、长肌肉，去客热等证。"生地、白蜜、牛酥之滋润阴药，而兼有酒、姜汁、苏子三运行阳药"，润而且温，温而且润，水到气到，气到水到，并用鹿胶直达巅顶，又纯用酒和服。"纯阴反滞气涸液，且润之而不能达，达矣而不能润，将何以济"。八味地黄丸以附子佐地黄，温润而下行。本方润而且温，温而且行，行而上达。外台十味煎治痨瘵干咳，阴液损怯，燥火燔炽等证，生地汁、麦冬汁、白蜜、牛酥润液救津，葛根起阴气，桑白皮、地骨皮清肺热，竹沥化肺痰，姜汁利肺气，合之润而兼清，清而兼疏，先生视为"育阴润燥，宁肺疗咳之要剂。枣膏益中气，葛根补阴气，养阴气，益阴气，起阴气，清轻升扬，气到水到，无形灌溉，较滋腻浓郁而尤胜"，"化板滞为灵活，变腐败为神奇"。五子衍宗丸五子皆能滋培阴液，又含生生之气，菟丝子滋培之力大，覆盆子壮健之力大，蒺藜子补而能通，其形其质，皆具冲动，五味子能收能涩，妙在车前子补而能泻，有形之水质去，无形之真阴生。无比山药丸用治丈夫久虚百损，五劳七伤，头痛目眩，肢厥，或烦热，或痹痛，腰髓不随，饮食不生肌肉，或少食而胀满，体无光泽，阴气不行等证。本方六味地黄丸去丹皮加赤石脂杜仲补而固涩，五味子助山萸之酸收，牛膝助泽苓之下引，巴戟天、菟丝子填精补肾，山药归肾，其用固肾强阴。本方补益、滋填、引导、固摄，复炼蜜为丸温酒伴服，更增其贯通之力。圣济人参养荣汤用治肺痿、咳嗽有痰，午后热，并声嘶等证，乃气泽枯涸，燥火耗蚀，本方桑白皮、桔梗、贝母、杏仁清肺气，人参、阿胶、茯苓、五味养肺、泽肺、敛肺，清肺气以养营血。先生提出白薇易柴胡，桔红易枳实，更合法度。参附汤用治下焦虚寒，自汗出，阳气欲脱等证。仲景伤寒多于汗吐下后，用人参者计十七方，取其养阴，故本方用人参为补虚药，附子增益其补虚弘功，唤起全身一切机能。"气不外达者，可用之以发散；气不内敛者，用之可以统摄；气不融合者，用之可以通下；气不吸含者，用之可以收涩。"黄芪桂枝五物汤，主治血痹，脉阴阳俱微，寸口关上微，尺中小紧，外证身体不仁，如风痹状。本方以补为运，宣通引导，桂枝汤去甘草之缓，倍生姜以宣通，重用黄芪以主持其间。虽曰开痹实为补虚，大气一转，其痹开通。当归补血汤，气药五倍于血药，以补气者补血，用治男妇血虚，似白虎证，肌热面赤，烦渴引饮，脉来洪大而虚，重按则微等证。有形之血，虚难骤复，无形之气，当兴奋鼓荡唤起化机，阳生则阴长。虽曰开痹，实为补虚，方名补血，实为益气。局方青娥丸用治肾气虚弱，腰痛重坠，俯仰不利等证。补骨脂温补命门，秘摄肾气，佐以杜仲、胡桃肉涩而兼润，补而能固。五白宁肺散洁古用治肺痿肺痈咳逆吐血等证，茯苓利小便，能起阴气，百合清肺宁脑，薏仁培化源，消瘴疠，白芨弥补肺体损破，川贝化痰补肺虚，"阴阳形气不足者，调以甘药，过甘嫌壅，与其调以甘药，毋宁调以淡药，淡为五味基素"，清纯平调，灵空斡旋，"大抵为肺痿已成，肺痈已溃，咳逆吐血已止，后半斡旋之治疗"。虎潜丸用治肾阴不足，筋骨痿，不能步履等证。龟板镇潜力大，黄柏坚肾，镇纳之而不能潜者，赖黄柏之苦坚，苦坚之而不能潜者，乃龟板之镇纳。知母佐黄柏，上清而下自宁；熟地佐龟板，水济而火自安。当归、白芍、锁阳，虎骨补血填精，陈皮疏之，牛膝引之。羯肉温养温化，本方益阴敛阳，旨在收纳浮越以归于滋潜。斑龙丸用治肾脏诸虚冷败，茸、胶、霜并用，精华尽撷，质气无遗，督脉通而阳气盛，血随气贯，气血俱充，益阴益阳，补益髓汁髓气。佐苁蓉、地黄滋润培育，黄芪、当归补气补血，酸枣仁、柏子仁宁肝宁心，先生主张用腽肭脐易阳起石，"只令真元充沛，勿俾浮阳飞越"，麝香易辰砂为衣，"醒豁神经，钻透血脉，唤起一身机能"。本方主药复味同功，佐药分致累进，多方以求，补虚兴阳，温而不烈，益气填髓，由下元上达玉清，深得古人补方之三昧。先生总结以上两方曰"虎潜丸系纳浮越而使之下，斑龙丸系鼓荡真元而使之上。下纳者返之灵根，具伏虎之能；上填者朝于玉阙，尽騕龙之妙"，可谓义蕴尽致，文采飞扬，更是一新方学境界。鹿髓煎用治肺痿咳嗽，伤中脉绝等证。虚劳脉绝，系血之痹着，肺痿脉绝，乃气泽枯竭。鹿髓以髓补髓兼温气，生地尔雅名地髓，以髓补髓兼清血，调以酥蜜，饮食消息之，杏仁桃仁，含生生之意。本方从精髓深处着力，"以清血分者清气分，以填精髓者救绝伤"，可以治肺痿，亦可以之治虚劳。前生地黄煎用酒鼓荡，着力在气分，鹿髓煎用桃仁运化，着力在血分。局方腽肭脐丸，为补方中之颇具权威者。用治五劳七伤，其气虚惫，脐腹冷痛，腰背拘急，脚膝缓弱，肌肉消瘦，腹中虚鸣，夜多异梦，房室不举，小便滑数，时有余沥，一切风虚冷痼等证。腽肭脐"性大热，补肾兴阳，独甲群药"，羊肉羊髓佐之，味厚气厚，填补下焦之力尤大。沉香"引诸药下达，以为起亟之本"，硇砂别号透骨将军，攒透力大，旧说硇砂忌羊肉，拟改用麝香二钱，膏成后下较佳。神曲以斡旋中土。肉豆蔻、木香、丁香、川芎、枳壳、钟乳石、青皮、茴香、紫苏子、白豆蔻、荜澄茄、蒺藜子、大腹皮、槟榔温烈香燥，有劫液耗气之弊，先生主张删去，节取肉苁蓉、巴戟天、补骨脂、人参、肉桂、附子于前六药所熬膏中，于方制有裨无损。准绳二仙胶大补气血，益气养神。先生阐释该方义蕴，"鹿卧则抵鼻以吹尾，龟栖则缩头以吹版，故鹿之督脉通，龟之任脉通，任物之性以尽人之性。鹿角得龟板，则不虑其浮越过升，龟板得鹿角，则不患其沉沦之不返"，"人参本阴药，而能益气，枸杞本阳药，而实补血"。任督环周，河车轮转，互根互换，为道家筑基第一步功夫。本方无桂附之刚燥、知柏之苦滞、五味山萸之敛、牛膝车前之引、龙齿磁石桑螵蛸禹余粮之纳摄、之吸镇。唯一鹿一龟，天然互为功用，任督贯通，上下吸含，出自物性之自然，真知道者。韩氏医通异类有情丸用治丈夫中年觉衰。此方龟鹿同用，不用角而用霜用茸，其气其质，均撷精华，虎胫骨为支持全身精气凝聚部分，壮霜、茸之气，佐龟板，深入骨际。猪脊髓补脊中髓汁，借霜茸温煦鼓荡，"由尾闾溯洄而上，直达玉清"。本方不大热，不大寒，血肉之品亦非燥烈，用盐汤下，无须加猪胆汁。先生总结"大抵补剂，疗元阳衰损，宜微温以培生生之气，但过温成热，反耗劫气液；相火炽盛，宜苦坚以救阴液，但过苦则化燥，反戕贼真元，厥咎唯均"。混元丹用治劳损五脏，补真气等证。紫河车，本草拾遗名混元母，为先天精血之凝结，以类相从，用之补后天精血亏损之病。佐以人参苁蓉，益气填髓，茯苓以导之，沉香以达之，乳香安息香醒透之，朱砂以镇之。"虚劳至无可着手，医药不疗，草木无灵"，此方在所取裁。

补益剂28方，或清补，或温补，或补气，或补血，或补上，或补下，或补下而求之中，或补中而求之上，或升清阳，或敛浮热，或从生化之根源，撷其奥窍，或顺物理之自然，抉其精髓，"推类尽致，化而裁之，使之自宜"，穷通变异之道，效法变异之则，乃"唯变所适"思想的旨归之门。《中庸》第二十章讲："唯天下之至诚，为能尽其性；能尽其性，则能尽人之性；能尽人之性，则能尽物之性；能尽物之性，则可以赞天地之化育；可以赞天地之化育，则可以与天地参矣。"

《冉氏方剂学》六卷，其中方剂学各论20章，遵循先生《八法效方举隅》编写"由博返约，义唯求精，不唯甚广；事唯求济，不唯其繁"体例，《冉氏方剂学》札记仅将各论20章中的汗、吐、下、和、温、清、宣、补八章中部分精华摘录，对文中卓绝的学识经验进行钩沉与阐说。《冉氏方剂学》精微博大，字字珠玑，处处宝藏，渊懿弘深，得其一章一节一字一句，可开无限法门。法之方有尽，方之法无尽，得其要者，可旁通无穷。

附录　《冉氏方剂学》补遗

第一编　方剂学总论

第一章　方剂起源及变迁

中国方学，起源最早。《神农本草经》，每药主治条文云，主某病某病，即是方学滥觞。《内经》生铁落饮之治阳厥，兰花汤之疗脾瘅，鸡矢醴之疗鼓胀，四乌鲗骨一芦茹丸之治血枯经闭等十三方，煎剂丸剂酒剂，名称正确，已开方学之先河。而以方剂为成书者，则有商《伊尹汤液经》始。惜代远年湮，书缺有间，学者难言之。向来各家，多以张仲景伤寒金匮所用各方，即是经方。然仲景为东汉卢桓时人，去商伊尹已千年有余，其间周秦诸子辈出，为中国学术竞进时代。扁鹊和缓，亦即诞生其间，必多上好理智经验良方。仲景安能将古先哲绞脑汁沥心血之遗留，撇去不顾，忍牺牲千年阅历经验，而唯拘一家言，独取汤液之方。是则金匮所引黑散、标名侯氏，八味地黄丸、标名崔氏，其又何说。大抵仲景述而不作，故书中每方之首，必标明方名。其有加减，则于方末分注。两方合用者，则两存其名，如麻黄桂枝各半汤、麻黄一桂枝二汤是。一方分量不同，而主治各异者，各存其名，如小承气汤、厚朴三物汤、厚朴大黄汤是。又有方制全变，加重主药，或减去主药，而仍标原名者，如桂枝加桂汤、桂枝去桂加茯苓白术汤、桂枝附子去桂加术汤是。且其自叙云，撰用素问九卷，八十一难，阴阳大论，胎胪药录，并未明言汤液。故可断言仲景书中所用，乃汤液暨周秦以来，名医验方混合之药录，谓其中必有汤液部分之方则可，谓全数悉为汤液之方，则期期以为不可也。考经方内容，有是病，用是方；用是方，有是药。论义理，则究性理之微；论治疗，则探天人之奥。法度森森，效如桴鼓。可使消积、可使破坚、可使必已，所以传之数千年，于今不坠。唐时最重方剂，故孙思邈千金方，王焘外台秘要方，均以方命名。孙氏千金所载方，多则数十药，少则一二药，与仲景方迥乎不侔。盖别有师承，而另属一学派也。王氏为馆阁秘书职司掌库，得尽窥秘籍鸿文。唐以前名著，如小品、近效、必效、集验、古今录验、崔氏、侯氏、范、汪、深师、张文仲、许仁则等等，均早失传。今犹得于王氏所集方中，窥见其东鳞西爪，片羽吉光。王氏之功，诚不可没。唐方多用金石药，经方古方，至此为一大变迁。宋崇宁大观间，设惠民药局和剂局方，颁令无下遵行，与近今日本官药局相似，以方剂列为政教煞是方学勃兴最好机会。惜尔时医林学者不足以资发扬。除选方分类，因病立方，以方治病外，无他特殊表现。所谓续书监之秘文，采明贤之别录，公私众本，搜猎靡遗，不过依样画葫芦而已。至朱氏丹溪，有局方发挥之批判。汉学重考据，宋学重义理，为儒家通例，医事岂能例外。金元以来，刘张朱李各家，均胎息宋学，打破牢笼，各持所见，别开新的研究。虽各有所偏，亦各有所长，无愧四大家之称。明张景岳撰新方八阵，尚未窥古人立方三昧，唯人参补气，地黄补血，由数钱以至数两。赵养葵、薛立斋，一丘之貉，卑勿高论。吴江徐氏著医贯砭，长乐陈氏著新方八阵砭以驳之，韪矣。唐宋方至此，又一大变迁。有清一代，各家肆力温病，治温病之方，几与治伤寒之方，旗鼓相当。其中如清凉透邪、甘寒润液、柔润息风、清轻透络、芳香宣窍、轻灵妙婉，足补唐宋元明以来，各方所不及。其理虽仍寓于伤寒之中，其法实独阐于温病各方之内。讵古今世运变迁，寒热治疗，亦各异舆。经方古方、唐宋方、元明方，至此变迁之中，又更大变迁矣。吾人上下五千年，披览古人之书，默察变迁历程，得失兴衰，不难心领神会。若乃上继汤液，而明其所以然之理，下迄历代各方，两撷其各各之长，进而会通中西，别开新的研究途径，不宁兼古今各家之长且探中外两文化荟萃之结晶，究于无极，通于无穷，蔚成第二方药，讵不达神化无方境诣与。

第二章　方之组织及纲要

西法用药简，中法用药繁。凡两种物质化合，原有性质均变。今聚多数药物为一剂，苟非有法度的组织，制其间，则治歧而纷。方剂自身所起的变化尚不自知，将焉治病。故药愈多，则愈难驾驭。愈难驾驭，而必驾驭，则不可不有适当方法，此研究与学者所以不得不先研究方之组织也。兹择举下例各方以为楷式，发汗类之麻黄汤，系麻黄桂枝杏仁甘草四药组织，麻黄主成分为麻黄碱，增加血液氧化，刺激神经末梢，发汗功效，优越确实。佐桂枝强心暖营,兴奋体工,增加麻黄外发之原动力。杏仁既可以防麻桂发表力大,所引起生理上之副作用如烦满喘促等等。普通臜碱难溶于水,杏仁含氰酸,能将麻黄主成分溶出,尽量发挥其作用。甘草调和诸药,缓中安中,预防汗出液伤及过汗不解诸病变,其组织法度精密如此。催吐类之瓜蒂散,瓜蒂赤小豆香豉三药组织。瓜蒂主要成分为甜瓜毒素,与西药吐根所含毒素类似,能刺激胃肠发炎中毒病变等等。本方若用溶出基素制剂,危险实大,用散则黏膜不吸收仅取催吐。而病吐药吐,药吐毒吐,得吐之益而不受吐之害,恰到好处。赤豆香豉均谷米属,功能和胃安胃,香豉合于酵母疗法即以冲激促其速吐,又以缓和预防过吐病变,其组织法度精密如此。泻下类之承气汤,大承气汤系大黄厚朴枳实芒硝四药组织,小承气系大黄厚朴枳实组织,调胃承气汤系大黄甘草芒硝三药组织。三承气大黄均用四两,是所谓大、所谓小、所谓调与大黄无关。大承气用朴枳气药多,小承气用朴枳气药少,调胃承气不用气药。方名承气汤而大而小而调,或以气药为转移。大承气大黄后煮,小承气大黄合煮,调胃承气大黄先煮,尤饶义蕴,其组织法度精密如此。以上汗吐下三类,不过举其大纲。经方固组织严密,古方时方亦有法度森森者。再综合释举如下,凡方均重主药,当归补血汤义取补血,黄芪用量五倍当归,方不以黄芪标名,而以当归标名。十枣汤义取逐水,甘遂芫花大戟均逐水峻药,方不以遂芫戟三主药标名,而以大枣缓冲药、佐使药标名,意义殊耐探索。凡方药配伍,均取协调。半夏与乌头相反,方青州白丸子半夏乌头同用,正借其相反以相助。巴豆与斑蝥相畏相恶,而和剂抽刀散巴豆斑蝥同用,正借其相畏相恶以相成,意义反为深厚。麻黄原以发汗,而厚朴麻黄汤则不主发汗而主利尿。千金麻黄醇酒汤,则不主发汗而主疗黄。凡此为药同而用法不同，主治亦各别的楷式。桂枝汤原解肌，加芍药则变和外为和内，桂枝去芍药则变和中为和上；桂枝加芍药并加饴糖，则变主外邪者为治内损。人参败毒散疗三项病，一解散毒秽，作败毒用；一辛平凉散，作发表用；一升举，逆流挽舟，作治痢用。人参四磨汤，一方变三种方。一四药水磨，调气兼补虚；一四药酒磨，行气方面加重；一三药磨，人参煎汤调下，补虚方面加重；则变治外邪者为治内损，凡此乃方同、用法不同则主治各别的楷式。承气原以泻下，小承气虽小其制，较大承气功效为小，为泻下适量之剂。厚朴三物汤全方三药与小承气同，加重气药则变治便结者为治气结。厚朴大黄汤全方三药与小承气同，气药再加重，则变疗腹满热气者为疗胸满水气，此乃方药同用量不同，而用法不同则主治各别的楷式。所以制法不同则方制变，用量不同则方制变，服法不同则方制变。以及伍升药引之升举；伍降药内之降纳。或化刚为柔，或变柔为刚。或以病治病，用羁药逐涩药，或以毒攻毒伍胶药。种种组织，种种法度，举不胜举。要了解组织虽各不同，理性同归一致。学者明其法度，得其纲要，如罗经在手，方针不迷。可由上述各方，正面反面，对面侧面，互参而详推之。参看本编方剂各论，各类各方所述，不难门门洞彻，方剂学之奥窍在此矣。至善为治者，合观而无方，分观之而无药，物物化化在学者造诣何如耳。

第三章　方之种类及适应

方剂乃以适当方法，将药物加以调和炼制，如以特效主药、赋形药或矫味药等，制成各形各式之药剂。其目的在所制药剂，含量准确，服用后功效迅速完整而优越，无其他种种副作用。是方剂者，乃古人根据学理，征诸经验，加以事实阅历，显出规律以制成的方法，即旧说所谓君臣佐使，配合适宜也。方剂之种类甚多，而制方剂之方法亦甚繁，此属专门制剂学范围。本编叙述，则为方剂本身之义理性能，及专剂疗病的作用功效而已。中药方剂之可类别者，曰汤、曰饮、曰煎、曰酒、曰露、曰磨汁、曰捣汁、曰浸、曰渍取清汁、曰丹、曰丸、曰散、曰片、曰锭、曰胶、曰青、曰末、曰粗末、曰细末、曰取头末。在外科方面，曰撒、曰塗、曰敷、曰搽、曰围、曰点、曰罨、曰洗、曰熏等，其法已备具端倪矣。西药方剂，已载中华药典，称为法定制剂的，曰甘油剂、曰大棉胶剂、曰醋剂、曰煎剂、曰酊剂、曰流膏剂、曰浸剂、曰醋剂、曰合剂、曰乳剂、曰搽剂、曰浸膏剂、曰树脂剂、曰散剂、曰丸剂、曰锭剂、曰软膏剂、曰硬剂、曰硬膏剂、曰栓剂，大抵可归纳于液体制剂、固体制剂二项。中西两两相衡，大略相同，但有详略精粗之辨耳。中医习惯，用汤剂为多。中医所用汤剂，类似西药所谓溶剂，溶液规范分溶剂、溶质二项。成分较大，用以溶解他物质者，谓之溶剂；成分较小，用以被溶剂所溶解者，谓之溶质。如中剂饮片为溶质，而所煮之水为溶剂也。溶解度不一律，普通所能溶解之物质，大抵在一定温度每一份溶质，需二十至三十份溶剂，方能溶解极易溶者，其所需之溶剂，或少于被溶之溶质。其微溶者，每一份溶质，需溶剂一百至一千份，方能完全溶解。且有不溶解者，因含赝碱物质，大半不溶于水，含树胶物质，亦有大半不溶于水，鞣酸与赝碱或蛋白质能形成不溶性之化合物，然不溶于水者，或溶于醇、溶于甘油、溶于氯仿，或化学方法分析化合再溶。虽西法所用，融会中西而作进一步研究也。西法治病，侧重病理，察得病理，则对症给药治之。至方剂方面，多未专分注意研究，所以只开有特效药，不开有特效方。中法治病最重方剂，甚至方证合一，以方名证如麻黄证、桂枝证、承气证、四逆证等等。西法多一病一方，中法多一方治多病，故方的运用，中法实为灵活精透。如麻黄适应证是发表，而内有热则变其制而为大青龙，内有水则变其制而为小青龙。再变更麻黄汤之方制而为麻杏石甘汤之方制，治无汗者又变为治有汗。桂枝适应是解肌，误汗里虚，则变其制而为桂枝加附子；误下里实，则变其制而为桂枝加大黄；再更变桂枝方制，而为小建中汤之方，治外寒者，又变为治内伤，然此犹曰药物已有加减也。如小承气汤是大黄厚朴枳实三药，所以适应通便结；厚朴三物汤亦同是此三药又适应气结；厚朴大黄汤亦同是此三药，而适应胸满支饮通水结，然此犹曰药量各有轻重也。如小半夏汤金匮凡三见呕吐哕满者，主食不下，见黄疸篇者除热必哕，见痰饮咳嗽篇者，主心下有支饮。肾气丸金匮凡五见，一主虚劳腰痛少腹拘急；一主脚气入腹，少腹不仁；一主短气有微饮，一主消渴饮一溲一；一主妇人转胞，不得溺，盖方之裁化实以探病之奥窍，而病之泛应愈以显方之精神，苟局局某病某方以施于灵机万变之人体，适以造成机械不合理的呆钝治疗。中医顺物理之自然，药与生理合，药与病理合，透过一层，治法之中有定法，定法之中有治法，活泼泼一片化机。不必对证立方，而方外有方。不必泥方治病，而一病活用各方。所以论病则西法较详明，论方治则中法为宁妙。中材中医，苟能遵古用方，即能治西医所不能医之病。凡此皆古先哲优美宝贵之留遗，有效为真理之表现，事实未可全诬。陵夷衰败之中医，所以尚与科学万能之西医，分庭抗礼，而占一部分之权威也。

第四章 方之互通及界畔

方剂乃治疗上的一种实施，如工事之工具然。剂字古作劑，言其法度整齐也。古今方剂甚多，原至不齐，而范之以法，则齐不齐。唯其不齐乃需法度，乃归于齐。且唯其整齐，乃生出类别，生出界畔。本编分为二十类，即是二十个类别，二十个界畔。各类有各类的组织、各类有各类的理性，各类有各类的效能。各类之中，又各方有各方组织，各方有各方理性，各方有各方之效能。大类之中，有小类别；大界畔之中，有小界畔。善为治者，必审经纪，起度量，立规矩，所谓不以规矩，不能成方圆也。在学者固当遵依法度，然学者又岂可泥守法度。如本编方为二十类，不过示人以规矩准绳，以便学者分门研究。果拘牵执，一例自限，以有定之方，治无定之病，法有时而穷，则反失方剂法度之精神。总之，不宁同类各方，可以互通此类与彼类，推而至于全类，亦多可互通者。病机转变，治疗之特殊何限，岂拘拘固定一方一类所以适应。固谨守法度，特知其当然，活用法度，乃得其所以然。当然者，为规矩，所以然者，为神明规矩之巧。今欲为学者进一步讲求，向巧的方面钻研，诚举下列为例。发表不远热，仲景用麻黄汤发表，用桂枝汤解肌，一寒一风，一脉紧一脉缓、一无汗一有汗，其界畔古人辨之綦详。然麻黄汤中用桂枝，桂枝汤中不用麻黄；用麻黄汤后有再用桂枝汤法，用桂枝汤后无再用麻黄汤法。即风寒营卫两伤，两证同见，亦不用两方互加麻黄桂枝，唯用麻黄桂枝各半汤或桂枝二麻黄一汤二方合用，谨守法度，不越雷池一步，其界畔之森严到如何程度。攻下不远寒，仲景攻下用三承气汤，大承气汤为峻下剂，小承气汤为适量下剂，调胃承气汤为恰下剂，通大肠下小肠和胃气，其界畔古人亦辨之綦详。然不曰攻结而曰承气，用气药多，则大其制，用气药少，则小其制，不用气药，则但曰调而已。方名署曰承气，方制即随之气药为转移。至未用大承气，先用小承气以探之，已用大承气再用小承气以继之，或不用大小承气而唯用调胃承气以微和之，次序未可凌乱，轻重不容倒置，例义不容差别，其界畔之森严如此。再以汗下表里互研之，有病在表而病之机窍在里，病在里而病之机窍在表，故有表证汗之不解而下之解，里证下之不解而汗之解，解者就方剂言。又泻黄散、犀角解毒汤，均意在通里，乃两用表药，防风分量反多，一用荆芥、防风而变为发表药，此里而求表也。达原饮、三仙散意均在通表，乃一则冲宣募原促邪之蕴郁，一则疏利营分麻毒之痼闭，此表而求之里也。盖学者须知有界畔乃以见方剂法度之森严，能互通乃以贻运用方剂之灵妙。而互通由界畔显出，欲求互通仍需由界畔中融会。定法之中有活法，活法之中亦有定法。如热如血室，其血必结，其病可谓下实矣，而仲景用小柴胡汤由里出外。少阴病发热未离太阳，可谓在外在表矣，而仲景用麻黄附子细辛汤以起下振中以温之。盖内外上下寒热虚实，因果转移无不互通，或药恰与生理合，药物与病理合，变化万端，莫可纪极。所以知其要者，一言而终，不知其要，流散无穷。换言之，而界畔之中有互通，互通之中有界畔。甘遂汤、大黄硝石汤，或疗滞，或疗瘀，或疗水，可知一药不止一项功能，通于他剂，他剂亦可通于汗下剂。故汗下剂可作如是观，整个他剂，亦可作如是观。方剂之界畔，方剂互通之奥窍在此，活用方剂所以然之奥窍亦在此。分之各具其功，各有组织；合之臻其妙，愈具精神。虽然大医能与人规矩，不能使人巧，巧之所在，多禁法禁方所在。稍一差别，即铸大错。苟非透过一层，安能度越纵舍。卒与法合，变法变例，学者兢兢勿妄用渎用以重予之过，则幸甚矣。

第五章　方之运用及加减

方是药物组合有法度的一种医疗工具，运用方剂属治疗学实施范围。方的组织、方的种类、方的界畔，已详本编各前章中。辨其组织，析其种类，明其界畔，其遂尽运用方剂之能事乎？曰：否。人体生化神秘，病机变化复杂，药物与人体生理之化合，药物与人体病理之化合，在在均关重。就生理方面言，如分解、复合、中和、酸化，各内分泌器官及组织功能，内脏酵素作用等等；就病理方面言，化热化寒，郁水郁血物理变化、化学变化等等。若不遵循方之组织种类、界畔，而贸言运用，则无所依据，持盲瞽的胡乱运用而已。若徒拘守方之组织种类、界畔，而贸言运用，则为所限制，持机械的呆钝运用而已。故方之运用，须筑基在方的自身理性上；方的加减，须筑基在运用方剂目的上。而方剂加减的目的，又须筑基在人体生理、人体病理上。古人制方是治疗实施，即是运用方剂好模范。古人方注自为加减，是活用方剂，更是用方剂加减好模范。试仍以汗吐下三类举例：麻黄汤为发汗剂，内郁热则变其制而为大青龙；内郁水则变其制即为小青龙；内陷脾则变其制为越婢，内热已重则变其制而为麻杏石甘；张之为大青龙，束之为小青龙，驯之为越婢，又变温为清，变辛温为辛凉，头头是道，讵非汗剂运用之模范乎。瓜蒂散为催吐剂，瓜蒂中含甜瓜毒素，不溶于水，本身则利用其不溶于水，病吐药吐，以免中毒，恰到好处。千金瓜蒂松萝酒，又用酒将毒素溶出，盖因与松萝同用，松萝含抗生物质，制炎杀菌，能化有毒为无毒，恰到好处。局方稀涎散催吐，药为巴豆皂荚明矾三药，巴豆香悍，引赤发泡，故本方只作吹剂。许叔微本事方减去巴豆，亦名稀涎散，盖不去巴豆，则只能作吹剂；而去巴豆，则可作服剂。吹剂只能吐喉间之痰，服剂兼可吐胸中之痰。其善用古方如此，讵非吐剂运用之好模范乎？三承气汤为下剂，曰大曰小曰调，已有轻重缓急之不同，然均泻中。若水热结于上，则用大陷胸汤泻上，水热结于下，则用大黄甘遂汤以泻下。温下如外台桔梗白散，外台走马汤，千金温脾汤，千金三物备急丸，均较大黄附子汤再进一层，为正为奇为极妙，讵非下剂运用之好模范乎？他类如此者不胜枚举，至少阴下利，并不崇土制水，而唯白通葱白以通阳；少阴水逆，并不用四逆，而唯用真武之生姜以宣气；少阴忌汗，又有麻黄附子细辛汤；太阴戒下，而又有桂枝加芍药汤、桂枝加大黄汤二汤。度越纵舍，卒以法合，凡此乃运用方剂之好模范。再说加减，伤寒金匮散在各条中的加减甚多，且有一加一减即另立方名，另成主治者，如桂枝加桂汤、桂枝加芍药汤、桂枝去芍药汤、桂枝去桂加茯苓白术等汤是。而加减各方方注较详明者，为小青龙汤，计加减四条；小柴胡汤，计加减七条；四逆散，计加减五条；真武汤，计加减四条；通脉四逆汤，即加减五条；理中汤，计加减八条。加减大纲：胸满加枳实，腹满加厚朴，腹痛加芍药，咳者加半夏，痰多及小便不利加茯苓，腹中痛者，不加芍药而加人参。同条腹满者，不加厚朴而加附子；又小青龙条方注，小便不利，不加茯苓；少腹满不加厚朴，而统加杏仁，凡此参错尽变，各成一格各具一义。桂枝汤本治表证，千金加皂名桂枝皂荚汤，治里证肺痿，从津液败坏后振育生气。栀子豉汤本治虚烦，金匮加枳实名枳实栀豉汤，治瘥后劳复，从坎离交媾处拨动神机。皂角枳实，均悍厉攻破药，用疗虚证，真匪夷所思。要之，在方剂则定法之中有活法；在加减则活法之中有定法，执柯伐柯，其则不远。即以古方加减的方法，以加减古人之方，是运用方的模范。方自加减，是加减方的模范。学者循古人之法，遵古人之方，中才亦可奏奇勋。切勿轻舍古人之良法，事在易而求诸难。果学识优越，涵育古今，会通中外，诊断既在机先，生理病理化合，得其益而不为其害，反其害而转以为益，于以用古人之法可，不用古人之法亦可；用古人之方可，不用古人之方亦可，此又编者所馨香祀祷以求者也。

第六章　方之编辑及目的

中国方剂，浩如渊海。最古者推伊尹《汤液经》，惜早佚亡。汉末华佗弟子吴普撰集华佗方十卷，亦早佚亡。居今独得窥见汉以前方剂精审之梗概，暨学术变迁之历程，唯仲景伤寒论一百一十三方，及《金匮要略》所用各方是愿。学者谓仲师所用之方，即系《汤液经》方，吾人寻绎古人手泽，摩挲玩读，能毋发思古之幽情。两晋以还，葛洪撰《肘后》方十卷，南北朝秦承祖撰秦氏方四十卷，隋炀帝敕撰《类聚要方》三百卷，可以想见当时方学粲然大备。唐孙思邈撰《千金方》《千金翼》方各三十卷，王焘撰《外台秘要》方四十卷，唐高宗敕撰《广济方》五卷，德宗敕撰《广利方》五卷，孟诜撰《必效方》十卷，甄立言撰《古今录验方》五十卷，唐时方学之盛如此。宋元明清以来，方书尤夥著作如林，选不胜选，辑不胜辑。最要者宋《太平局惠方》百卷，暨《太平惠民和剂局方》十卷。元丰时，复录局方增补，设局制售，颁令天下遵行。以方剂列为政教为历史以来所未有。明周定王汇辑古今方剂，撰《普济方》四百二十六卷，现二千一百七十五卷，六万一千七百三十九方，博大渊懿，超越前代。窃有明一代医学，并无特殊进步，方剂亦无特殊发明。然李时珍《本草纲目》，集药学之大成，周定王《普济方》，集方学之大成，亦明代学术最光荣之两页也。方今环海交通，中西两大文化接触，欧美方剂，逐渐输入。如醇制剂、碘制剂、汞制剂、吡制剂、抗生素制剂、内分泌制剂、病菌血清制剂等日新月异，每岁莫不有特殊新药制剂发现。吾人处此时会，上下五千年，纵横亿万里，即今将古今方书，收罗完整，沧海无遗，亦只得归纳过去一方面。而欲融洽古今，会通中外，从学术根本打通，从运用事实上勘透，颇不容易。故居今日编辑方剂学，与从来环境不同，将古先哲数千年阅历经验所遗留的精华，贸然截废固属可惜，而卷帙浩繁，又殊不经济读者。故本编对于肤浅无甚效验者，杂乱颇难解释者，及重复怪癖，无多意义者，一概删除。义务其赅，不欲其杂；理求其精，不求其博。查前贤对方剂，有分为七方者，曰大、曰小、曰缓、曰急、曰奇、曰偶、曰复；有分为十剂者，曰宣、曰通、曰补、曰泄、曰轻、曰重、曰涩、曰滑、曰燥、曰湿，后加曰寒、曰热共十二剂；有分为六法者，曰汗、曰吐、曰下、曰温、曰清、曰和；有分为八法者，曰汗、曰吐、曰下、曰和、曰温、曰清、曰宣、曰补；有分为十八法者，曰轻、曰解、曰清、曰缓、曰寒、曰调、曰甘、曰大、曰暴、曰淡、曰温、曰夺、曰补、曰平、曰荣、曰涩、曰和、曰□[①]；又以病之名称分类者，如头面部、胸肋部、腰腹部、足腿部等是；且有以新说生理分类者，外观颇饶时代化。而在中医整理未完成时，削足适履，颇难精合。类别繁多，不暇枚举。大抵以编者之取裁及目的，而并其广狭繁简。本编冶七方八法十二剂十八剂于一炉，而加以变通，曰发汗剂、曰催吐剂、曰泻下剂、曰调和剂、曰温寒剂、曰清热剂、曰宣通剂、曰补益剂、曰导滞剂、曰消瘀剂、曰逐痰剂、曰止咳剂、曰逐水剂、曰利尿剂、曰收涩剂、曰镇静剂、曰麻醉剂、曰止血剂、曰疗黄剂、曰杀虫剂，分二十类，原

[①] 因书稿油印本字迹无法辨认，暂阙待考。

方药各分量，均仍其旧，冀存其象。药之别名较多，历代权重屡易，□[1]论学者，各各明辨。编者系以中医立场，所辑是中医方剂，但于西说学理可会者，无不尽量采辑，俾学者可于旧的方面，求出好又新的方面，证明旧的。至或有不当选而选，当选而未选，不当辑而辑，当辑而未辑，势所难免。此时以中医向西医方面合，将来尚当以西医向中医方面合。我国医学庞杂凌乱，整个均赖整理，方剂讵能例外。方今科学昌明，可称极盛，然科学本身尚无良好分类，无论用何式，终欠妥洽，矧尚待整理之中医，尚待整理之中医方剂，尚何妥善分类之足云。收拾过去，启发将来，区区之心，在现代化默察世界潮流，迎头赶上固为现代化，而在中医尚在整理时期，一切未能彻底。是心思以现代化为进，而事实又为现代化所限也。将来中药改进一次，即中医方剂亦改进一次。不宁以训释以前之旧说，且将穷研未来之新学，与时俱进，驯至美观，企予望之矣。

第七章 处方应注意要件

方剂系综合数药，加以配制。理化学，凡两种物质化合，原有性质均变。故方剂一经制成，即成另一种性质，药是药，方是方，亦有只用一药，并无其他配制者，细审亦有分辨。盖讲明药性，乃药学之事，而以此一药为剂治疗上，诊断病理切合，乃方学之事也。兹将处方应注意之要件，胪举如下。（一）方剂宜适当也。考中华药典法定之制剂，共分二十五类，各药个性，各剂特性，易溶难溶，各适其宜。至煎剂则唯限于不挥发而需加热溶解之物质，且受热不起变化者，中医似当借镜，以为方剂之标

---

[1] 因书稿油印本字迹无法辩认，暂阙待考。

准。且中医习惯，用煎剂多，须知水不溶解，热即升举。飞扬之品，此两药品，不入煎剂，入煎剂亦无效，所应注意者一。（二）药物宜精选也，中国习惯，医药分途，医家不识药，药商不知医，炮制乖谬，伪药充斥。试披读时贤伪药条辨一书，凡贵重之药，几于无药不伪，能不骇目惊心。其陈腐霉烂变质失效者更遑论之已。以此治病，病安能疗。尝有诊断明确，处方精审，而卒不愈病，或反遭意外之失败者，则选药不精之故也，所应注意者二。（三）分量宜确定也。西法对分量，十分森严，有限量、药用量、极量、中毒量、致死量。中国古今权重不一，医用一两准今之三钱者；有以一两准今之二钱六分者；有以一两准今之七分六厘者；普通习用，以一两合一钱，方今法定权量又改矣，每斤十三两三钱，合半公斤，较习用无形减十之二。重要精华药，毒烈药，所争只在少许，安容有巨大出入，所应注意者三。（四）服法宜周到也。西法一次量，一日量，药典均有规定。普通一日三次，亦有需要不同，而另有规定者。大抵驱虫药，宜空心服；刺激药，宜饭后服；辅药兴奋药健胃药，宜饭前服；泻药麻醉药，宜一次服；安眠药，宜睡前服。药虽当，量虽准，而服不如法，亦难达到医疗所期目的，所应注意者四。（五）冲突宜避免也。中说有十八反，十九畏，然有用其相忌相畏，而相须成功者，亦有用其相反相恶治大病奇病者。西说如末司卡林激罗卡品，之与阿成罗品相反，酸化碳素，之与血色素相反。麻醉剂之酒精抱水罗尔，之与何中枢神经系兴奋剂，之与咖啡、番木鳖、可卡因等，效力相减少；吗啡之与阿成罗品相减杀，一曰反曰畏，一曰反曰杀，其义□苟非特殊，勿得妄用渎用，所应注意者五。（六）积蓄宜预防也。考之西说，如毛地黄番木鳖碱，与砷汞碘铅等，于体内之吸收较易，而排泄迟缓，往往久吸后，有大量存积体内，是为积蓄作用。如服过久，其积蓄之量，超过中毒量时，常致中毒。中药含硇、砷、汞、碘、铅各成分者多，久服亦中毒堪虞。素问久而增气，物化之常也。气增而久，夭之由也，即是此义，所应注意者六。（七）时地宜变通也。就世界言，人种不同，性质各异，和田殷干郎（其意不详，存疑。整理者注），早有在植物主食人类之药物，宜多用单根树皮。在动物主食人类之药物，宜多用矿物性药物之说。就中国言，幅员辽阔，南北气候，风俗习惯，性质强弱，均各各不同。夏日饮水，冬日饮汤。热带人，唻植物果类；寒带人，嗜脂肪油类，医者讵能违天时地宜，而不加变通，所当注意者七。（八）个性宜详审也。医者处方，固以合法合理为标准，然不可固执己见，如病者素性不能服某项热药，服之而头热，口渴大汗；素性不能服某项寒药，服之即战栗冷凛下利。又如久服钾素之人，虽大量钾剂，亦能安受；常服吗啡之人，虽大量吗啡剂，亦能安受。先天后天，皆有偏矫耐药性，医者当设法，斡旋救济避免。且能致瘾之药，不可常用，所应当注意者八。以上八条，论列中西，撮其大要，学者会而通之。处方之道，思过半矣。至若精义入神，超常轨，或药与生理结合，或药与病理结合，寒者化热，毒者化平，平者化毒，两物相畏，正借其相畏而制之。两物相反，正借其相反以成之。禁方禁法，咸蕴于此，究于无垠，通于无穷，规矩为防之基素，乃为规矩的发皇，在学者自为领会耳。

第八章　历代方剂之发明

宣尼删书，断自唐虞；紫阳纂史，起于威烈。夷考医事方剂，虽神农本草，每药项下多标名主某病某证，或得某良药，不啻方剂学滥觞。然只可云治疗药物学，不得云治疗方剂学。虽黄帝内经中有十三方，为汤为饮为丹为丸，已具规模，然寥寥数则，散在各篇。偶一及之，并非方的化裁，亦非通体方与治疗混合的记载。专以方剂为成书者，首推商《伊尹汤液经》，故吾人追溯历代方学起源，尚以《伊尹汤液经》为肇始。考汤液经三十二卷，载在《汉书·艺文志》。汉去古未远，必非虚构。惜其书佚亡，令人慨叹发思古之幽情。谓仲景伤寒金匮系推广汤液经而作，即令汤液专详方剂，伤寒金匮系脉证方混合辩论，最少量仲景书中，必多伊尹汤液之方，是汤液虽亡而未亡。据汉志所载，前乎仲景者有泰始黄帝扁鹊俞拊方二十三卷，扁鹊肘后方一卷，后乎仲景者有华佗青囊经一卷，吴普撰华佗方十卷，凡此种种，均早佚亡。届今犹得古人良法美意奥义遗绪矣，唯仲景伤寒金匮之是赖。故与谓方剂为汤液肇始，证之书史通史实为允当。中国从来所谓方书，多脉证病证混为一谈，范围即广，卷帙愈繁，见于历代史志库藏及个人著述医藏目录。古今医籍志医籍考者，年代愈近，著作愈少。即以方的专著言，几近千种，兹断代择真，包罗精详，足以代表一代学术者，以资考证。大抵汉以前归总于张仲景伤寒金匮，魏晋以前归总于葛洪玉函肘后，唐以前归总于孙思邈千金王焘外台，宋以前归总于王怀隐圣惠、陈师文和剂局方，元明前归总于沙图穆苏经验、李仲南永类钤及周定王朱橚普济。有清一代新旧竞争派别分歧，可分两阶段，前半可归总于吴谦医宗金鉴；后半学术变迁太大，虽著作如林，各有专精。昔日秘符，今成刍狗，求一正真融合古今，会通中外，可代表一代学术者，而不易得。现值医学改进时期，本编唯收拾过去，启发将来。择简提纲、首禾楷模、简而不备、罗而不详，亦未足之代表此一阶段也，以上系方书之著述。试再论方剂源流，查汞制剂、碘制剂、吡制剂、酵母疗法，脏器疗法，刺激素疗法，均西医近

175

代新出品，而中医在唐宋以前，早经发明。例如千金疗癥毒用水银升发，制为生生乳，广济疗瘤疾，积年不瘥，用水银丸，凡此得谓非汞制剂乎。例如肘后疗瘰疬如梅毒状，及结囊成瘿用海藻烧灰酒浸，外台范汪疗瘿气，亦用海藻酒，酒尽曝干为末，凡此得谓非碘制剂乎。例如圣济治中风，痰壅昏愦，用砒霜少许，新汲水调下，以热水授之，大吐即愈。局方治休息痢，羸瘦衰弱，用砒霜黄丹，蜡化为丸，冷水下，凡此得谓非砒霜制剂乎。例如千金疗小腹坚满，产后晕厥，用神曲一味为末，水服方寸匙，肘后疗胎动不安，痞满腹泄泻，方中均用神曲，凡此得谓非酵母疗法乎。例如肘后疗痨瘵尸虫，用獭肝散、月华丸，又千金疗惊痫用五胆丸，局方疗疳疾，用鸡肝散，凡此得谓非脏器疗法乎。例如金匮阴阳易瘥后劳复，用烧裈散，男用女，女用男，又集验治五劳七伤吐血虚弱，用紫河车丸，局方治诸虚劳损，精气乏绝，用腽肭脐丸，凡此得谓非刺激素疗法乎。如此种种，均值得惊服。再查历代方剂，虽各自为家法，而胎息渊源，不无脉络可寻。如肘后疗外证初起，寒温未分用葱豉汤，或加葛根加麻黄汤。后人辛凉解表、清凉透邪等方，即由此脱化而出。金匮治气痰郁滞，用厚朴三物汤、厚朴七物汤，后人来苏散、七气汤、苏子降气汤等方，均由此脱化而出。金匮疗肺胃液伤，火逆上气，用麦冬半夏人参汤，麦门冬汤，后世生脉饮、琼玉膏、五汁液、十味煎等方，均由此脱化而出。或甲方并入乙方，如大青龙汤内有黄连解毒汤，十神汤内有香苏饮，地黄逐瘀汤内有下瘀血汤。或一方化出数方，如小品葳蕤汤，其清凉已开银翘桑菊之渐，其芳香已开后人香苏神芎之渐，其大黄加芒硝已开后人双解之渐。凡此方剂演变之历程，均为事实结合之先导。前者考其载籍编述，溯其创制纪录，其性质递嬗，推类尽至，则历代方剂发展之真相。不亦可以了然明晰矣。

第九章　中西方剂之比较

方剂是治疗实施，方剂之臧否，须视治疗功效确乎为标准。而治疗功效正确，又以适应病证、吻合病理为原则。中西学术基本不同，观点各异，所采取法则不同，故所用方剂，亦各是其说而大异。然医不论中西，同以人为对象，同以救济人类病患为目的。其根据临床经验，实理与事实结合，以求功效之迅速确实，则用同归于一而已。兹附中西方剂比较如下：中剂有配合，西剂亦有配合。方之为言法，剂之为言齐，药有与病理恰合者，有不尽恰合者，所赖配合有法，齐其不齐。中剂配合，有君药、臣药、佐药、使药诸名词；西剂配合有主效药、副效药、矫味药、赋形药诸名词，外观大抵相同，内容确实大异。西法是用药，中法是用方。用药者某病用某药，纯单专一，唯求药之适病有特效。其有副作用，则加一变味药以防之。其有并发症，则加一味副效药以应之。唯其所重者在药，只闻有有效药，不闻有特效方。用方者，方成无药。方内一药轻重出入，方制即变。并有以同一之方，治不同各病，及相反各病者。故西法是一病用一药，中法是一方治多病，此为中西方剂组织目的根本不同之点。方剂以诊断为旨归，西法诊断，必先辨其为何物病，再查之有何物证据，如诸急慢性传染病，是何类病菌；诸护生素缺乏，是何种护生素；诸内分泌失常，是何项内分泌。凡诸特殊病，均有特殊疗法，此为西剂优性。中法诊断，必先辨其为何物证，再查其证之到何阶段，如风寒燥火湿热，各有性质。如得之五六日、八九日、七日以上，各有界畔。一气为病，二气为病、三气杂至为病，各有判别。证多一层变化，而方多一层斡旋，此为中剂优性。一则为病觅证，二求实据；一则以证律病，病无遁形，此为中西方剂运用，学术致力不同之点。然中西方剂、有义例俱同者，如西法催眠用溴化钾缬草，溴化钾催眠恐其力弱，加缬草以张其用，此非中法正佐以助之义乎。西法治梅毒用甘汞，加鸦片少许，汞为驱梅特效药，恐其致泻，加鸦片以防之，此非中法反佐以制之义乎。如西法疗喘用安飞特灵，安飞特灵类麻黄素制剂，中国麻黄含麻黄素千分之三，炼为纯品效力更大，仲景疗无汗而喘、有汗而喘、均用麻黄，如大青龙汤、麻杏石甘汤，此非中剂用药之义乎。西法疗虐用奎宁制剂，奎宁主要成分为生物碱，中国常山所含生物碱与奎宁类似，近年实验其纯品效力较奎宁百倍以上。局方疗时虐、瘴虐，均用常山，此乃瞻仰丸、胜金丸之类，此非和西剂用药之例乎。且中西方剂，均有出神入化者，天下之至毒，西法不仅外治剂用吡，内服剂亦用吡，不仅腐蚀攻坚散结各剂用吡，补血剂亦用吡，以毒作补，此岂拘拘对症疗法者所能体到。梅毒病菌循脊上着脑底，为脑梅毒。六〇六，七九四诸汞制剂不能疗，西法有虐菌疗法俾发热，杀灭血清疗法。尚是以病治病，此并俾发他病以治本病，似此神妙到何境诣。肺痿，《千金》用桂枝去芍药加皂角汤，肺已至痿，生气消索，寻常润剂不能润，寻常清剂不能清，寻常补剂不能补，兹氤氲鼓舞，悍厉刮磨，荣枯朽于败坏之余。《金匮》瘥后劳复用栀子豉汤加枳实以资疏导，大病瘥后，阴阳水火初交，气虚滞塞，不足以资斡运，清之不去，透之不出，宣之举之亦不应，唯从坎离交媾处拨动神机，乃能通里气以和外气。方注复令微似汗五字，可想见虚气豁，而正气充景象。《本经》叙枳实主治，曰益气力，仲景此方，则直达到益气力矣。伤寒论治阴阳杂错内外上下隔绝，仲景用麻黄升麻汤。俾汗至气至，气回厥回。中风颇危，邪正乖偏，脉搏与呼吸不应，仲景用六石风引汤，俾潜宁心经正变。有此繁复错杂之病，不可无此繁复错杂之方。凡此均非寻常知见所难证入，讵非出神入化者哉。总上所观，西法用药简，中法用药繁。西法善疗传染病，中法善疗时感各病。西法有准确特殊疗法，中法有奥析综合疗法。西法有独到处，中法亦有独到处。善西法者，可通于中法，善用中法者，亦可通于西法。学者兼收并蓄，不宁会通中西，且将中法融入西剂。科学哲学，事实即是科学。医不论中外，唯在通贯中西。学问是无境的凡百学术是无止境的。当代整个学术改进，维新之蹊径在是矣，又岂仅方剂一类而已哉。

第十章　方剂今后之展望

药是简剂，方是繁复药理。药类赅植物动物各物而言，即以植物药一项而论，已为有机化学繁颐杂错集团，而药剂与人体生理病理化合，又为有机化学繁颐杂错变化集团。其变化深邃奥析，虽精于有机化学工作者，亦未能尽彻底了解。所以方药效能，总有赖于动物实验、临床实验。学问无止境，方药学渊懿深奥如此。方今科学突飞猛进，自尿素合成后，有机化学获得大的进展，究之有机化学不能解决之问题尚多，是方药改进，不能解决之问题亦多。试观西欧各国药物内容，或因成分未大明了，或因合成着手不易，或因经济殊不合算，所以取材于自然界的品物甚多。如退热不能不取水杨酸，催吐不能不取吐根，强心不能不取毛地黄，泻不能不取大黄芦荟，疗神经不能不取莨菪木鳖曼陀罗之类。虽各各精制，究与人工合成有异，未能摆脱自然界出产范围。考各国药典其所以药品过半数取材自然界，是自命科学之西药，仍只是半科学化。他山之石，可以攻错，执柯伐柯，其则不远。学者须知,改进中方,必先改进中药,中药不改进,中方即不能改进。以科学方法改进中药,则中药世界化;再以改进的中药改进中方,则中方世界化。虽则,虽有深心,无可奈何,仍盘桓于旧有方药范围之中,而不能振兴。故以摆脱以往之旧基,必须启发未来研究之新径。中医汉以前为学术竞进时代,唐以后成为学术衰退时代。西法用药简,中法用药繁。西方易简,中方繁难,虽改进然皆简难而只能限旧,而不能限真正学者。盖一药含一主成分,组合单简者多,然亦有一药含两种以上及十种、二十种以上者。方是药的萃聚,以人工萃方定方,不整□□①之药,是此并可看出中方为人工合成。虽整个混同合成之生物,与元素结构合成之科学药两两各异,然其开人工合成之先河,亦未可忽视。外察环境,内顾自身,改进中药,三个步骤:(一)将中药成分用科学方法整个提出,辨其性质,不限水溶,宜以何者作溶剂,即以何者作溶剂;亦不限水溶剂,宜浸膏则浸膏,宜流浸膏则流浸膏,宜丹散片锭则丹散片锭,如此可以革去旧煎法,便效宏多;(二)改进中药,可以将生物用科学方法制成结晶纯品,为药学正轨,如此乃与西药同一,俾中药世界化,中医可用,西医亦可用。中医用此可及西法门径,西医用此可得中法治疗精华,合同而化,相互竞进;(三)循科学历程分析药物分子构造,不用固有药物原料,而以人工合成,此为科学最高境诣,亦为改革药学最高目的。唯现今有机化学难问题尚多,未能完全彻底,须看环境整个学术进化何如,不过悬此,希望达到而已。以上三者,固学术当然之历程,亦改进应由之阶梯。中药改进,中方改进,其踏实处着手立可施行。其深邃处,终极亦难务尽。迎头赶

---

① 因书稿油印本字迹无法辨认,暂阙待考。

上，与世界学术争衡。或疑生物未可提时，即提炼或不如西药效力宏大。其实不然，察西药以中药原料提炼者，几占三分之一，前此如怡默药厂、奇嘉大药厂，均专辟有中药研究室，及藏有精良中药标本，外人之垂涎中药如此，孰谓中药未可提炼乎。且生物与之竞雄者，中国药品确有价值之药甚多，其中有极少部分已为欧洲医药家所引用，而极大部分则欧洲人至今尚无知之者。如鹿茸由立德尔药厂选出，科学化验知鹿茸中含安母尼亚，然安母尼亚并不能代鹿茸。麝香含麝香酮，而麝香酮不能代麝香。纯品中药有超过纯品西药者，如近今学者实验，常山纯品疗疟，其性能大奎宁百倍以上，蟾酥纯品强心，其性能大毛地黄千倍以上，孰谓中药不及西药乎？宇宙是进行的，学问是无止境的，中西学术，是均当化合的。始以中药改进成西药，再以西药精粹，运用于中剂，变以中剂奥析治法，融于西药，其发现必有出人意料者。中药既世界化，中方亦世界化，将中药整个学术贡献于世界，以方学改进为嚆矢，此则编者所企引祷盼不置者矣。

第二编　方剂学各论

第一章　发汗剂（计五方）

第四方　麻黄杏仁甘草石膏汤《伤寒论》方

麻黄四两（去节）　杏仁五十枚（去皮尖）　甘草二两

石膏半斤（碎棉裹）

上四味，以水七升，先煮麻黄，减二升，去上沫，内诸药，煮取二升，去滓，温服一升。

按此方出，《伤寒论》太阳篇第63条："发汗后，不可更行桂枝汤，汗出而喘，无大热者，麻黄杏仁甘草石膏汤主之。"

查此方乃治伤寒郁热较重，而表犹未全罢之方。原书上大青龙，郁热尚轻，表证尚急。此方郁热已重，表证渐解，故以清里为急，其不脱麻黄汤范围者，表未全解缘故。盖汗后似无须用麻黄，现汗仍自出，更不必再用麻黄，而此方仍用为主药者，盖方成无药，其意义并非欲汗也。所以然则，麻黄中所含主成分植物赝碱，能刺激神经末梢，增高血压，使血中水分外出，经汗腺则为汗，下出，经玛氏囊则为尿，故麻黄能发汗，能利小便。桂枝助其挥发外出，则发汗；石膏引其清降下泄，则利小便。肺为水之上源，清热利小便，即是清肺治喘，亦即是平太阳内郁已重之热化。方中杏仁较大青龙加十枚，盖杏仁清热，不及石膏力大，而利肺定喘，实可补石膏之所不及。浅释之，此方清热以透表，深一层释之，则引麻黄内行下达，俾内之血管扩张，而外之血管收缩，汗自止而热自解。以发汗者止汗，以治里者治表。且杏仁含氰酸，能制止氧化酵素，减低体温，尤为热郁汗喘之剂。前贤释作辛凉重剂，谓为温病开之主方，犹嫌为中人以下知识矣。

第五方　麻黄附子甘草汤　《伤寒论》方

麻黄三两（去节）　甘草二两（炙）　附子一枚（炮）

上三味，以水七升，先煮麻黄一两沸，去上沫，内诸药，煮取三升，去滓，温服一升，日三服。

按此方伤寒条文，主治少阴病，得之二三日，微发汗，以二三日无里证，故微发汗也，此汤主之。查少阴病本不当汗，而仍从麻黄汤之例，用麻黄附子甘草汤者，系着眼在"得之二三日"，"无里证"数字。盖二三日为日尚浅，少阴寒化热化之里证，均未构成，病未离表，尚在太阳。少阴不可发汗，而太阳不能不发汗，故加附子以鼓荡足少阴之真阳，疗其二三日，即显少阴证之越传。附子助麻黄原动力，俾从太阳陷入少阴者，仍由少阴出之太阳，此与麻黄汤中之桂枝同义。但彼则宣中焦之营气，此则启下焦之生气，直接从太阳标本中见体会而出。于麻黄汤之常例外，开一变例；于少阴病不可发汗外，开一微发汗特例。本方原系由麻黄汤化出，桂枝原可助附子温暖水脏，而必去之者，盖桂枝温散易走，附子温摄能固，虽是太阳微发汗之方，仍是少阴不发汗之旨，微矣微矣！

第六方　麻黄附子细辛汤《伤寒论》方

麻黄二两（去节）　附子一枚（炮）　细辛二两

上三味，以水七升，先煮麻黄，减二升，去上沫。内诸药，煮取三升，去滓，温服一升，日三服。

按此方伤寒条文，主治少阴病，始得之，反发热，脉沉者，此汤主之。

查少阴病不可发汗，脉沉者不可发汗，在太阳篇中，已一再申禁。但既曰少阴病始得之，则太阳病未全罢可知，脉沉虽属少阴，但发热仍属太阳。有是证，即当用是药。有是病，即当用是方，特脉既曰沉，其必邪陷已深，俨有从太阳越入少阴之危险，故用附子温下以启之，细辛温通以接之，麻黄外出以发之，温、通、发三者并进，较上麻黄附子甘草汤，力量尤大。其不同于麻黄汤之用桂枝者，无须调和营卫，且细辛温通之力，更胜于桂枝也，然只用细辛之温通而不用桂枝之温宣，盖温通则承接于内，温宣则鼓荡于外，其中颇有分寸。学者潜心深思，必可领悟其旨趣。前贤谓此方用附子助太阳之表阳，而内合于少阴，麻黄细辛启少阴之水阴，而外合于太阳，此方非发汗法，乃交阴阳法，未免求深反晦矣。

第十三方　麻黄散　《千金方》

麻黄　升麻　葛根各一两　射干　鸡舌香　甘草各五钱

183

上六味杵为散，清水三升，煮取一升，大人作一服，三岁小儿分三服，每日三次。

查本方用麻黄升麻葛根三复味表药，与上葳蕤汤用麻黄白薇独活三复味表药相同，但各有取义。本方主治条文，曰恶毒丹毒、曰风疹，固用升麻化解百毒，以由阴而出之阳。葛根深入经输，又由内而达之外，加射干鸡舌香，芳香解秽，即可开肺气之闭结，亦可解热毒之郁勃，不用石膏杏仁，恐其沉重冷利，不用桂姜及酒，恐其辛温燥烈，各有适应，方剂颇境诣超超。麻科活人，亦有同名之麻黄散，治麻证欲出不出，方用麻黄升麻牛蒡子人中黄蝉蜕，共五味，方亦简洁可学，与此方可以互参互用。人中黄不入煎剂，前贤早已论及。但其原注麻黄滤去绿水，炒如煤，去其精华而用糟粕，犹是中人以下知识。主药分量，可以出入，佐药加减，亦可进退，何必戕贼药性，拘拘在炮制上矫揉造作。

第二十四方　麻黄芍药人参甘草汤（东垣方）

麻黄　芍药　黄芪　当归　甘草各一钱　人参　麦冬各三分　桂枝五分　五味子五粒

上九味，以水三盏，先煮麻黄一味，令沸去沫，至二盏，入余药，同煎至一盏，去滓，热服。临卧，只一服而愈，更不再作。

按此方李东垣兰室秘藏治久虚，火热在内，上气不足，阳气外虚，寒邪遏闭，里热郁火，不得舒伸，因而吐血，虚人夹外感之证。

查东垣生平学力，善治内伤，故用麻黄表剂，而以人参当归黄芪白芍，益卫实表，对虚人外感之证，颇为可取。唯此方所举案例，系一士人久虚，内热外寒，吐血。而所据学理，系引伤寒论太阳篇，当以麻黄发其汗而不与，遂成衄，却与麻黄汤愈。不知表气闭塞，当服麻黄而不服，郁热莫宣，因而致衄，设早用麻黄，必不如病变。但既已致衄，则不当再服麻黄，衄乃解则已，不解，当视其进退消息，以法救之。若再与麻黄，岂不犯亡血家不可发汗之戒，况某士人又属久病虚甚之亡血乎。是以此方治虚而感寒则可，治夹虚感寒而已至吐血，则不可。毫厘之辨，千里之差，学者不可不察。要之此方与仲景桂枝人参新加汤同义，彼在邪已解，此在邪未解；又与局方参苏饮同义，彼侧重在表，而兼顾里，此侧重在里，而兼顾表。此可补仲师用麻黄桂枝未尽之义，亦可补唐宋以来表剂用人参未尽之义。录之殿汗剂之末。

第二章　发汗剂总按

发汗剂即表剂，本编发汗、催吐、泻下，连内而及，取其名词相近，故不曰表剂，而曰发汗剂。发汗之原理，中说气化能出，下出为溺，外出为汗。西说汗经血管滤出，由玛氏小体，出输尿管为溺，由毛细血管出汗腺为汗。发汗之道甚多，以辛温挥发之药，鼓荡外出，此显而易知也。内因气结，则散其结而汗出；内因血闭，则开其闭而汗出；内因水停，则化其水而汗出；内因热壅，则清其热而汗出。以及虚者补之，实者泄之，郁者宣之，陷者举之，吸摄者开之行之，燥爍者沃之润之。灌之、浴之、熏之、烘之，又外而内之，内而外之，而逆而从之，凡所以深层求其汗出也。本编前八方为经方。发汗以麻黄为主药，以麻黄汤为主方，治之如法，一汗而愈。设郁滞羁迟，不化热则化水，化热重一层，则方治进一层；化水重一层，则方治亦进一层。大青龙化热之见喘也，小青龙化水之见喘也，伤寒太阳篇水热轻重分合，一线到底。太阳里面，即是少阴，故脉沉者不可发汗，脉微弱者不可发汗，有少阴证者不可发汗。麻黄附子甘草汤，麻黄附子细辛汤二方，温里外托，即是太阳少阴同治。既太阳少阴同治，即是所以治两感，于少阴不可发汗之中，又生出少阴仍须发汗之法。后人谓仲景无治两感者，真群儿梦梦矣。至葛根汤则邪入经输，又无汗表实，故不用桂枝汤之加葛根，而用葛根汤，属麻黄系。麻黄升麻汤则邪入更深，深趋厥阴，既有此下寒上热离绝之气证，故生出由阴出阳斡旋之妙法。伤寒金匮用麻黄之方尚多，无须广为证引，学者即此数方，和深浅常变而通之，发汗之道，已思过半矣。第九至十三计五方为古方，均用麻黄，均可补充麻黄汤之意义。或借酒气以资宣通，或借谷气以资气沛。或发表之中，兼润沃增液；或发表之中，兼芳香化毒。麻黄刺激脑神经，刺激肺黏膜，而小品白薇汤，用贝母以助杏仁，用白薇以监麻黄，有预防麻黄剧烈过当副作用的功能。如非近今科学证明，寻常知见，尚未易证入，第十四至十六计三方，亦古方。用药简单灵活，以少许胜人多许，举重若轻，力能尽善。既兼麻桂方之长，又有辛温辛凉之辨，先贤矩矱，煞是可欣。故虽不用麻黄，而已得麻黄之真髓。第十七、十八、十九、二十四方为宋以后时方，乃后世习用尊崇，自命为发表稳妥之方。此外尚有神术散、五积散、再造散、大羌活汤及黑奴丸，发汗神丹等等，杂乱无章，燥烈伤液。本篇择其理路清晰者，录此四方。四方之中以香苏散为简单，人参败毒散的清超，一可涤秽解疫，一可扶正祛邪。至羌活汤、十神汤已不无辛烈杂沓，然寒温痹者，机关滞涩，未始不可偶借用。若谓时方比经方稳妥，经方无治两感证，而时方可治两感证，则瞽谈害道矣。第二十一、二十二两方，乃吴鞠通温病条辨开手治温病之方。温病与伤寒混治，瘟疫与温病混治，千古长夜。明清以来，温病各家，极端剖辨，病理始明，治法始定。此二方清解清疏，其清轻远绍葱豉汤之造诣，其辛凉不失麻杏甘石汤之陈规。吴氏对温病理论，或不无疵谬，而方治则大半已归切审。然其法要不出伤寒范围之内，明眼人当自能辨。二十三方香薷散为疗暑感之方，出太平惠民局方，疏表和里，安中逐秽，简洁不枝，与经方古方逼似，后人增为七味十味，则涉嫌杂沓。以上各方，均以汗出表解为目的。在伤寒论桂枝有加人参法，麻黄无加人参法，然苟果虚人不作汗，或久病寒闭外廓，既非麻黄附子细辛证，又非麻黄吴萸干姜证，则人参中含撒帕凝，涵濡液滋培汗原，含巴那规伦，刺激心脏，鼓舞动力，或亦正虚邪实，所当取裁乎。东垣另出手眼，作麻黄芍药人参甘草汤一方，颇有见地，录以殿末，聊备一格，此亦可补经方古方之未及者也。再学者须知发汗剂，可通于他剂，他剂亦可通于发汗剂。有用发汗剂，不显发汗功用者，亦有用他剂，不显他剂功用，而得发汗功用者，病理方剂参错交互，各具义蕴，当各各贯通。然发汗类，只列发汗方，此类法度规矩然也。活用其他各方，不表之表，不汗之汗，此神明规矩，神明法度者也。不然，据守一类，固执不通，讵宁求他项功用而不可得，有仅求发汗而不可得者矣。至道无穷，学者所当向无穷深层方面一穷之也。

第三章　催吐剂总按

汗吐下为治病三大法，是吐法原与汗下鼎峙而三，特是消化系出路，下行为顺，食管不容逆行，且不容稍缓停顿。而贲门之设，食至则开，食入则闭，环状收缩，即是预防食物逆行之装置。幽门、阑门重重设置，亦是此意。今因治疗用吐逆行，是逆反生理正常，大抵他法可治，不用吐法，吐法乃不得已而用之。历来医家，大都托名谨慎，于吐法既习惯多不轻用。而吐方亦慢忽不加深查，以致造成近今吐法吐方失传之畸形状况。不知上部无眼，下部有眼，其人当吐不吐者也。服毒中毒，稍缓则毒已遍于全身，非吐无以救急回生。又如邪实梗塞胸中，绝无疏散下行希望，迫切紧张，势不容缓，厥逆䐜胀，闷闷欲死，俨有一丝不续则真机绝之势，则吐法安可不用。可知用吐在生理上，为强制逆行；在病理上，则为急救捷径。本编所辑第一方瓜蒂散，瓜蒂含甜瓜毒素，与吐根含吐根毒素类似。吐根毒素，不溶于水，瓜蒂毒素，亦不溶于水，故黏膜不能吸收，虽含毒素，只能刺激催吐，不致引起中毒。而病随吐去，药随病去，恰到好处。适合用吐所需种种条件，此所以为中法催吐之主药主方也。第二方栀子豉汤，香豉所蕴发酵，腐臭冲激，原可借以催吐，但吐力较弱，以佐瓜蒂，则相得益彰；以协栀子，则只可疗虚烦懊憹。病有欲吐之机，此乃逆其机而导之。非普通催吐之方，不适用于其他当吐证。昔贤只议药，不议病，兢兢于能吐不能吐之辨，抑末矣。第三、第四、第五三方，均用瓜蒂，或佐杜蘅，或佐松萝、或佐各香药。瓜蒂用散剂，此中松萝方用酒剂，上瓜蒂散用香豉之腐浊，此三方用各药之芳香，各有适应，各成一格。第六、第七、第八三方，均用藜芦，吐力较瓜蒂为强，毒性较瓜蒂为暴，当此吐方失传之日，得此强有力之吐药，殊堪宝贵。但白藜芦、青藜芦、草藜芦、水藜芦、科学粗制藜芦、旧制生药藜芦，相去悬绝，其性质用法分量，学者均不可不详细审辨也。第九、第十、第十一三方，用常山，常山吐力不在瓜蒂下，而吐瘴厉虐毒有特长，学者誉之为东方奎宁。近科学实验纯品结晶常山，药效超过奎宁三倍以上，出寻常思议之外。且常山得甘草，何以加吐，得黄丹何以不吐，殊值得彻底研究。第十二、第十三两方，苦参大苦大寒，利作毒热吐剂，中含苦味质，又能健胃，在吐药中别具一格。第十四方石蒜，催吐有效，毒性不烈，功兼解毒杀虫。就催吐言，与杜蘅均以气之冲激胜，杜蘅为清中之浊，石蒜为浊中之清，学者所当兼收并蓄也。第十五至第十七三方用矾石，矾石有多种，催吐用白矾，不如用胆矾，已评前各分条中。前两方兼用巴豆，巴豆性暴烈，本为下药，而非吐药。其吐者，乃刺激发炎，冲激反射所造成。许氏去巴豆，该吹剂噙剂而为服剂，去之诚是，殆善用古而不泥古者欤。第十八方碧玉丸，脱出以上各方窠谿，与西法近似。铜绿乃铜与气结合，化学上谓之盐基性氨酸铜，即氨酸铜，氢氧化铜之复盐，有毒性。故用铜绿，不如用硫酸铜，前分条中亦经明辨，学者可于互参。第十九方仓公散，药大暴悍，矾石中含吡质，毒热过于巴豆。雄黄亦含砒质，藜芦阴毒，皂荚燥毒，虽属吹药，总为禁方。曰烦死、曰烦活，死者安能活，盖亦卒中尸厥之类耳。第二十方参芦散，补不滞邪，吐不伤正，上栀子豉方为吐虚热，此方为吐虚痰，虚热为邪之虚，虚痰为正之虚，不宁实邪当吐，虚邪亦当吐；不宁攻药可吐，补药亦可吐，煞是奇观，煞有分寸。然则杜蘅之伍人参，恒山之伍甘草，何足异乎。合观上二十方，吐药之重要者，曰瓜蒂、曰藜芦、曰常山、曰苦参、曰胆矾，其次曰皂荚、曰杜蘅、曰松萝、曰石蒜、曰参芦，至云母、巴豆、砒、钟乳石、防风、乌梅，则适应以为辅佐焉尔，非医用之吐药也。由此观之，吐法虽失传，可以从各方用药意义，推阐而得；吐法虽失传，可会通中西，而求其异同之实际。瓜蒂陈久无效，新者难得，可以吐根代之。青矾、绿矾、黑矾，品类较杂，可以硫酸铜代之。栀子之吐以清，矾石之吐以温，防风之吐以汗，巴豆之吐以下，参芦秫米之吐以补，方外有方，法外有法，化而裁之，别而择之，头头是道，何吐法吐方失传之有。

第七章 《冉雪峰医案》研读、赏析与发微

一、春风劲放花千树，金针度人诊籍中

国学大师章太炎先生尝谓："中医之成绩，医案最著。欲求前人之心得，医案最有线索可循，循此钻研，事半功倍。"医案乃治病之实录，充分客观地展现了医者的哲学思维、中医理论修养、辨证论治的思辨能力、处方遣药运筹布局之艺术造诣以及人文素养与情怀，运用之妙，工巧悉萃。古人有读书不如读案之说，意在强调医案的重要作用。清徐灵胎曰："凡述医案，必择大证及疑难证，人所不能治者数则，以立法度，以启心思，为后学之津梁。"周学海在《读医随笔》中讲："宋以后医书，唯医案最好看，不似注释古书之多穿凿也。每部医案中，必有一生最得力处，潜心研究，最能汲取众家之长。"医案恒随病机变化——条分缕析，立法处方曲折以赴，活泼泼具万变无穷之妙，事实精核，工巧悉萃。俨如名师娓娓道来，"匪手携之，言示之事；匪面命之，言提其耳"，仿佛病者在侧，謦欬亲闻。

《冉雪峰医案》系先生1959年编著，其时年八十一岁。原卫生部中医研究院学术秘书处撰写前言并给予极高评价，"冉雪峰老大夫，已年逾八旬，在中医学术上造诣颇深，有五十余年的临床经验"。《冉雪峰医案》"包括内外妇儿四科医案七十一篇，记载了冉老大夫的临床经验和对中医学术的见解。冉老大夫经常运用内经的理论分析病情，同时又融会了张仲景伤寒论和后世温病学说"，"在临床治疗上既能遵从古法，也能加以创造性地应用"。先生在自序中谓："惜予前二十年所编健忘斋医案散失，原稿无存，今就所记忆者笔之于书得七十一篇。此唯历年经历中千百之一，案虽旧案，编乃新编，生平毅力，可窥涯略。"

《冉雪峰医案》1962年1月第一版第一次印刷，北京书刊出

版业营业许可证出字第○四六号,人民卫生出版社出版,迄至1965年6月已然五次再版,这在当年的出版领域极为少见,在学术界更是空谷跫音。斯时笔者在巫山中学念书,因家学濡染及世交渊缘,数九严冬围炉夜话之余,从先严手中接读先生医案,因年少更事未多,对中医学懵懂不知,开卷即折服于先生文字之优美,医案"医""文"兼修,文字好看、耐读,行文张弛有致,气韵流转其间。老到筋道中不时流露出乡音、俚语,映照出先生卓越的学识、修养,文化追求与有趣味的人生。寂然凝虑思接千载,悄然动容视通五内,窥意立象而运斤,疑无路处花明柳暗,少年的我未尝不慨然叹其才秀也。

二、读伤暑案

伤暑案,程姓少妇,新产七日,时方炎暑,"蜷蜗于小卧室内,窗棂门帘紧紧遮蔽,循俗例头包布帕,衣着布衣,因之为暑所伤。身大热,汗出不干,开口齿燥,舌上津少,心中愦愦,口渴郁闷,烦躁莫可名状,脉浮而芤,与阳明'脉芤相搏,胃气生热,其阳则绝'"。先生诊断:"新产阴伤,受暑较重,不宜闭置小房内。倘汗出再多,津液内竭,必有亡阴痉厥,昏迷谵妄之虞。"建议"破除俗例,移居宽阔通风较凉之处,以布质屏风遮拦足矣",处方"六一、白虎、生脉三方合裁加减"。

滑石一两,甘草一钱,生石膏八钱,知母、沙参各二钱,麦冬四钱,鲜石斛六钱。

同煎,分两次服。

病人问可吃西瓜否?先生答曰:可,欲吃则吃之。

按:徐灵胎云:西瓜为天然白虎汤,大能涤暑。诊毕约二时许,病家着人询问,病人已吃西瓜四块,约重二斤,现坚欲再吃。先生曰,多吃无妨,可随病人之便。"于是一日一夜吃尽十八斤半,半夜后身热退,烦躁俱平,已能安寐。翌日复诊,脉静身凉,烦闷躁急顿除。"

案中按全案复盘,一一深度剖析,"此病新产七日,迁出密室,移居敞地。滑石、石膏非一两即八钱,大队甘凉甘寒为剂,产后不宜凉,非复寻常蹊径",此其一;"时方新产,即吃西瓜,且一日一夜吃十八斤半,诚属异事",此其二;归结"暑重若斯,所以方剂虽重,尚尔嫌轻,苟非迁地为良及吃西瓜之多,即令方药有效,未必瘥可如此之速",此其三,节节推进。最后强调"此亦饮食消息一端,可为同仁临床参考之助",真正点睛之笔,医者仁心,拳拳服膺。

《古今医案按》滑伯仁治临安沈君彰,自汗如雨不止,面赤身热,口燥心烦。居楼中,当盛暑,帷幕周密……悉令撤幔开窗,初亦难之,少顷,渐觉清爽。为制黄连人参白虎汤,三进而汗止大半,诸证稍解,又兼以既济汤,渴用冰水调天水散服七日而病悉去。本案与先生治程姓少妇案破除俗例迁出密室,移居敞地有异曲同工之妙,唯用黄连苦寒直折,冰水调服天水散有凉遏冰伏之虞。僧心禅《一得集》治冯某,"年四十许,素体本虚,更患暑邪,脉极虚大,而数近八至,舌绛、目赤、面色戴阳,头汗淋漓,目直视而昏……病原暑邪未透,但真元虚极,医甚棘手,当先固其元。急用四逆加人参汤,益以龙骨、牡蛎,佐以胆汁、童溺,用地浆水一杯为引,浓煎候冷,徐徐投之。服下一半许,汗敛神定,目能转动。但大汗舌燥,暑象毕呈,令食西瓜,神气顿觉清爽。次日再诊,脉象稍敛有根,而数减去一至,为立竹叶石膏汤"。本案暑邪未透,伤津耗气,衍生阴损及阳之变,以四逆汤回阳救逆，加人参布谷气以养津液，益以龙骨孕育真阴、潜纳浮阳、以焕起陷没之阳，牡蛎益阴敛阳、交媾水火、以戢敛狂飙之浮阳。胆汁咸寒沃润滋液、兼清虚热、借其反佐、以免格拒，童溺咸寒益阴、借血肉有情之品续已竭之阴、滋将涸之液。地浆水味甘性寒、功能清热解毒、主治中暑烦渴等。服首剂一半许暑象毕呈，旋即转寰，"令食西瓜，神情顿觉清爽"，与程姓少妇案，先生嘱"多吃（西瓜）无妨，可随病人之便"大抵若合符节。盖心，一心也；理，一理也，至当归一，古今无二。然本案暑邪未透，出现阴损及阳，四逆加人参汤侧重补阳回阳，兼生气津，尽管加有龙骨胆汁人尿之属，针对暑热耗气伤津的核心病机力有不逮，且难免负薪救焚之弊。阳明为成温之薮，白虎加人参汤清阳明暑热兼滋气阴，西瓜为天然之白虎汤，其性寒凉，功能清热解暑，除烦渴，生津利小便。不宁为天然之白虎汤，可谓天然之益元散，清暑利小便，不伤元阳，且益元阳；不戕元阴，且益元阴。不宁为天然之六一散，可谓天然之条辨五汁饮，以清轻之气、清凉之质治疗温病热炽阴伤、津液损劫之证。先生反思程案"所拟方剂虽重，尚尔嫌轻"，于多吃西瓜外，尚可以五汁饮代生脉与六一、白虎之方。

三、读秋温案

凡温病，新感为轻，伏邪、新感引动伏邪为重。邓如香秋温案，乃夏月摄生不慎，感受暑邪未即发病，迨至秋月复感时令之邪导致伏暑秋发。发病之初，时令之邪尚未化热，"口不渴，发热兼恶寒"，点明辨证眼目。"伏邪未溃，脉不显洪数"，病机、脉理辨析清晰，治宜辛散凉解、芳化清暑。个中三昧，医者不察，唯熟背经典章句食古不化，死守"太阳病，发热而渴，不恶寒者，为温病"，即以恶寒，口不渴断为伤寒。死守"少阴之为病，脉微细，但欲寐"，见脉不洪数，即认为少阴病，以太阳少阴两感视之，妄投麻桂姜附，抱薪以救焚，致时邪入里与伏暑合流，虐焰毒燎，显出温病本象。更医，从湿温辨治，清解法中杂入苍、芷、苓、半，重劫津液。一逆尚引日，再逆促命期，"病经十余日，液涸神昏，舌上少津，内窍闭塞，逆传心包""知觉全失，渴不知饮"，身热无汗（从药后"得微似汗，身热渐去"逆推），病危势急，先生主以大剂犀角地黄汤合清宫汤化裁，送服至宝丹芳化清透，频频灌润梨汁（"频频""灌润"足以想见神昏液涸之危重程度），解毒清热、生津增液、醒脑回甦。"半日一夜，服至宝丹二粒，生地二两，犀角二钱，梨汁半斤许"，力挽狂澜，危而复安者一，第二天下午，复热、复昏、更添呃逆、液枯、便结。邪实当下，液枯禁下，先生当机立断，以黄龙汤补气血、增津液、通腑泻热，"得燥屎数枚及如败酱色之稠粪，呃逆止，神志大清"，危而复安者二。过了两天呃逆又作，神识欲昏未昏，复发微热。病经三变，用药颇费周章。先生思忖再三曰："此病现注重呃逆，如呃逆属虚，下之不应得燥屎（及如败酱色之稠粪）；如实中夹虚得燥屎后，应呃逆不止诸症加剧，何以诸症渐愈，呃逆全止，又经日始复发耶？但因呃逆而用下，下后仍复呃逆，是否燥屎未尽，仍当用下；抑或余邪由募原透出胸膈，前者去而后者来，阻塞营卫道路，当清透余邪，俾由募原出胸膈者，复由胸膈出腠理。邪在腠理胸膈间属少阳，因定清解少阳之法，服之余邪透，诸症悉去，危而复安者三。"随逆救治，三危三安，拍案惊奇。先生独具慧识，紧扣呃逆与燥屎诸症关系条分缕析。

徐灵胎论呃："盖呃逆本有二因，由于虚寒，逆从脐下而起，其根在肾，为难治；由于热者，逆止在胸臆间，其根在胃，易治。"

时证中继发呃逆，多属邪热，阻滞气机，如本案。《瘟疫论》邪离募原有九传之变，然亦不出乎表里之间耳。之所以有表之再表，里之再里，表里先后传变，主要取决于募原伏邪溃有先后，先生谓之"前者去而后者来"，虽反复再三，犹可随复随治。伏邪内发，新感外来，有实有虚，实邪多发于少阳募原，隐匿深固，发病时与营卫相争，病邪经过的部位，营卫受伤，传至少阳，可用小柴胡汤治之。关于募原在何处，先生在《冉氏方剂学·达原饮》方义中有一段论述："温邪首先犯肺，肺主呼吸，膈膜为助呼吸之紧要器官，膈膜板油尽头连躯壳处，有轻松肌肉，可以牵引膈膜伸缩，温邪之由口鼻吸入者，殆循腔壳边缘，而伏于此。"去表不远，附近于胃，乃表里之分，"俾由募原出胸膈者，复由胸膈出腠理"，用清解少阳法，清鲜透达，实质属一种因势利导的治法。

先生案后总结，"柴胡证下之后，柴胡证不罢者仍用柴胡，见伤寒里而再表。前者去而后者来，见《瘟疫论》，两两可以印证"。《伤寒论》第101条"凡柴胡汤病证而下之，若柴胡证不罢者，复与柴胡汤"明示邪入少阳枢机不利之病机是辨证指南，吴又可《瘟疫论》指出伏邪的传变因感邪之轻重、个体之差异，其传有九：先表而后里者、先里而后表者、但表而不里者、但里而不表者、表里轻重各偏者、表里分传者、表而再表者、里而再里者。有是证则投是药，有其证则用其方，因变而施治之。刘吉人《伏邪新书》对伏邪的概念有拓展论述："感六淫而不即病，过后方发者总谓之曰伏邪；已发者而治不得法，病情隐伏，亦谓之曰伏邪。有初感治不得法者，正气内伤，邪气内陷，暂时假愈，后仍复发者亦谓之伏邪；有已发治愈，而未能尽除病根，遗邪内伏后又复发亦谓之伏邪。"文中论述深化扩展了伏邪学说的概念和范围，有助对邓如香秋温案的理解。

四、读战汗案

汉口吕某长子患温病，延汉上名医范某诊治。"多日热不退，至第十四日忽烦乱如狂状，随即大汗淋漓，肢厥肤冷，昏顿不知人。"复延胡某会诊，断为虚寒，拟方理中地黄汤加减，以防暴脱亡阳之变。范某认为刻下"此病已是生死关头"，心悬疑窦甚大，"明系热证，何以突变寒证；明系邪实，何以突变正虚"，进退失据之下与吕某商议，并亲至先生医寓"邀往诊视一决"。诊毕，惶悚中吕某问"将脱乎？""不会脱"先生肯定地回答。惴惴然范某满腹疑团急切地问道："尚可救乎？"先生曰："可救。"进而又问，此病"究为何患？"先生从容答曰："乃战汗。"

其情其景，画面感强烈，读者宛如置身其中，代入现场。一问一答中，学术定力跃然而出。

先生在案中就所答予释疑解惑，"温邪久羁，与气血混为一家，清之不去，透之不出，七日来复，现十四日，为两七日，邪衰正复，邪正并争，方有此番遽变。唯此系病机转好而非转坏，若不战则邪终不除，病终不愈。战汗在六七日，或旬余者居多，与阴阳消长的周期性节律相关。""战者，正气伸张，体工抵御力强，驱邪外出。必前此于病程中方药治疗斡旋如法，乃有此最后转关之一着。"战汗是表象，其寓藏的病机才是辨治的关键。先生肯定治疗过程中的斡旋如法，也指出战汗是最后转关的一着，

"否则内陷内攻,求其一战而不可得""正战时不必服药,则肢厥亦无须讶矣",凡战不可扰动,但可温覆,扰动恐战而中止,次日当期复战。战后某些证象,颇似脱证,其间辨识脉象、呼吸是一个重要的辨证眼目。"今病者脉重按之不绝,出入息匀,决不至脱",凡战汗后脉按之不绝,虚软和缓,呼吸均匀,气息平和,是邪退正复之佳兆。当令病者安舒静卧,以养阳气来复,家人不得惊惶,频频呼唤,扰其六神,使其烦躁。若脉急疾、燥扰不卧、吸短呼长、肤冷汗出如油,便是气脱之危证矣,可主以独参汤。先生预断"至夜半,得阳气之助,厥当回,汗出立止"。范某击节称是,似醍醐灌顶,吕某犹半信半疑。至夜半果如先生所言,汗止、厥回、神清、热退病除。后以竹叶石膏汤、外台十味煎甘寒扶胃生津清养清补收工。先生总结"断为战汗,由温病战汗条得来;断为夜半厥回,由伤寒证象阳旦,夜半手足当温得来"。由此,先生提出最硬核、最学术的命题:伤寒原理可用于温病,温病治法可通于伤寒。

五、读亡阴案

亡阴案胡姓老妪,"体瘦神健,年高液衰,大便坚",标明阳气康健而阴液偏衰。夏月伤暑复感凉,医者不谙素禀,不审所伤,迳投参、芪、术、苍之辈,致令内外合邪,搏于少阳,症见往来寒热如疟。更医,不辨邪在腠理胸膈间,以为阳明腑实证,下之,以致"邪热内陷,胸胁痞满,气逆撞痛,液枯神怯,循衣摸床",一派液脱阴亡危象,病家"已集家人备后事"。因慕先生医名特延诊视,希冀挽危局于万一。诊其脉"数急又参伍不调,七八至或十余至一止",察其舌"如去油猪腰,(舌面)无津",

脉证会参，证属不治。医者仁术，先生静思，得其可治数端：《伤寒论》第267条"若已吐、下、发汗、温针，柴胡证罢，此为坏病"。本病虽经误下，但无谵语，未内传也。午后发热，柴胡证未罢，尚未酿成坏证，可治者一；《伤寒论》第205条"阳明病，心下硬满者，不可攻之。攻之利遂不止者死，利止者愈"，本病虽经误下，利数次即止，并无泻下不止的现象，可治者二；一部伤寒论，纯为救津液、审察津液存亡之法，小便最为关切，小便利者，其人可治，本病尚可小便，内液尚未尽脱，可治者三。亡阴证固属不治，本病阴未尽亡在可治之列；《伤寒论》第101条"凡柴胡汤病证而下之，若柴胡证不罢者，复与柴胡汤……"本病可治的决定因素在柴胡证未罢，出现单热不寒，终归是误下伤阴夺液，与柴胡证治有别。用清解少阳兼清热保津法，可仿小柴胡去半夏，加重人参、瓜蒌根、青蒿露、石斛、芦根，增液汤辈救治，一剂热退。继以大剂甘寒润沃，二剂津回舌润，自行大便一次，神志清楚。"唯胸膈痞痛，气逆上冲残在，仿泻心汤意，去其大苦，一剂气稍下，胸膈舒"，却出现了舌面无津阴液耗伤的反复，亟与甘寒清润养液，俟其阴液来复，大便通，正气足，余邪自退。续以清养肺胃之剂，守服以收全功。先生自叹"此病虽获痊愈，然大费周折矣"。

复盘本案治疗过程，辨证在《伤寒论》理论指导下环环相扣，原始要终；治疗在温病治法的规范下，法度井然，一以贯之，可谓有思想的学术。

六、读尸厥案

经笔者文献考证，武昌周鸿兴瓷器号内室尸厥案首见于

1926年《医学杂志（武昌）》：

周姓妇人，体质素弱，营卫不畅，每值经期前后，即腰胀腹痛头晕，肢软神疲，每服调营和卫、疏肝达木、宁心固肾之剂，随即小瘥，遂不以为意。最后病发稍剧，某医恣用克伐，转发虚胀。又改就某西医诊察，误为实证，以腹部漉然，有物在焉，妄曰此水也，以利水大剂投之，大便下数次。复诊谓水不尽，仍投前方，大下不止，因之尸厥，瞑目不稍动，状若死矣。阖家哀痛，正备入殓。察其体全冷否，而心口微温微动；细审鼻端尚有微息，曰此未死尽也，越半日如故，乃延诊。定理中汤一方，令稍稍灌之。

翌日复来迎诊，目似开不开，鼻息稍大，脉沉细微弱之极，而不绝如缕，三部调匀。细审症状，察病情，诊脉时，见病者时欲以手覆头而不达，因问病者未厥时曾说头痛否。曰大下时先说腹痛，后说头痛。即用吴茱萸加附子倍人参，一服而神清能语，再服而略进稀粥，小便一次，越三日即强力起扶入内寝。后用小建中汤、黄芪五物、当归内补建中各方，斡旋收工。最后服炙甘草汤加减膏药一料，肥健逾昔矣。

1952年《冉氏医学丛书·方剂学》第五章温寒剂第六方吴茱萸汤方注载："予治武昌周鸿兴瓷器号内东尸厥，已停尸堂前，焚化楮帛，以未死尽之故，托友人余复初挽予商榷，以此方回生。后登报鸣谢，标题为'奇人奇事，死而复生'。其实予何能生死人，遇此可生者，幸使之起耳，经方功用之宏如此。"

1958年12月《八法效方举隅》第五章温方第七方吴茱萸汤方后记载"予治武昌周某尸厥，已停尸堂前，予以此方回苏。予何能生死人，遇此可生者，幸使之起耳，经方功用之宏如此"。

1958年资料9期第624页上《冉雪峰医案》陈可冀整理：

武昌长街周鸿兴瓷器店主周凤田室，年三十八，体质素弱，曾患血崩，平日常至予处治疗。此次腹部不舒，就近请西医诊治，服药腹泻，病即陡变，晕厥瞑若已死。如是者半日许，其家已备后事。因族人以身尚微温，拒入殓，且争执不休。周不获已，托其邻居余复初（予友人）来我处婉商，请往视以解纠纷，当偕往。病人目瞑齿露，死气沉沉，但以手触体，身冷未僵；扪其胸膈，心下微温，恍惚有跳动意；按其寸口，在若有若无间，此为心体未全静止，脉息未全厥绝之证。族人苦求处方，姑拟参附汤：人参一钱，附子一钱，煎汤汁，以小匙微微灌之，并嘱榻上加被。越二时许，复来邀诊，见其眼半睁，扪其体微温，按其心部，跳跃较明晰。诊其寸口，脉虽极弱微，亦较先时明晰，余曰真怪事，此病是尚有生理乎？因问病人未昏厥时曾云头疼否？家人回曰：痛甚！因思仲景云："头疼欲绝者吴茱萸汤主之。"又因前曾患血崩，此次腹泻，气血不能上达巅顶，宜温宣冲动，因拟吴茱萸汤一方：吴茱萸三钱，人参一钱五分，生姜三钱，大枣四枚。越日复诊，神识渐清，于前方减吴茱萸之半，加人参至三钱。一周后，病大减，用当归内补建中汤，炙甘草汤等收工。予滥竽医界有年，对气厥、血厥、风厥、痰厥屡见不鲜，真正尸厥，尚属初次，幸而治愈，因录之，以供研究。

上文所辑文字与人民卫生出版社1962年1月第一版《冉雪峰医案》武昌周某室尸厥案内容文字几乎一模一样。据此可以断定1958年资料版为1962年版的雏形。鉴于两版内容文字如出一辙，笔者在此不复赘录。

1959年国庆《冉雪峰医案》脱稿，先生在自序中不无惋惜地讲道："予前二十年，所编健忘斋医案散失，原稿无存，今就所记忆者笔之于书，得七十一篇。此惟历年经历中千百之一，案虽旧案，编是新编，生平毅力，可窥涯略。"

武昌周某室尸厥案，五见于先生著述，不同版本间文字或简或繁，初诊方药有异，但吴茱萸汤治疗尸厥的脉候证治主干清晰一致。考1926年《医学杂志》（武昌）到1959年10月《冉雪峰医案》新编完稿，历时三十余年，其间有二十多年的战火兵燹，造成先生早年所编《医学杂志》等文献资料及《健忘斋医案》原稿散失无存。1958年资料版、1962年人民卫生出版社版，皆凭"所记忆者"新编，代远年湮出现记忆漫漶就在所难免了。

兹就1926年《医学杂志》（武昌）所载周姓妇人尸厥一案研习心得奉上以供评说。

周姓妇人，素禀较弱，每值月经前后，腰胀、腹痛、头晕、肢软，先生予"调营和卫、疏肝达木、宁心固肾"，随即小瘥。由此可知原本阴阳气血俱不足，又挟肝气悒悒不畅。后因病发稍剧，某医不辨虚实恣用斫削攻伐，虚虚之祸过于旋踵。改延某西医，诊断为实水，给予利水大剂以致腹泻数次，复诊不思转寰固执前方，服后大下不止。三两天间，一误再误三误，虚其虚，再虚其虚，三虚其虚，陡生昏厥。重创脾阳脾气，中土运化失职，清阳不达四末，守中枢纽紊乱，浊阴上干，所幸心体未全绝止，脉息未全厥绝，与现代低血容量性休克近之。主以理中汤。干姜辛温，鼓舞参术之健运，行甘草之迂缓，全方底定中土以运四旁。或问，反复大剂利水腹泻不止，津液丢失多多，理中温中补中，不虑其重耗津液乎？清张志聪《侣山堂类辨》：此方大生津液，即从该方方注"渴欲饮水者加术"悟出深层精蕴。先生讲，理中汤"不宁中焦虚寒，气不化津为适应，而中气颓废，扶其中气，即所以救其津液"。

临床上，低血容量性休克、心源性休克常相互依存相互影响，互为因果。心源性休克血容量一般属正常，但常有20%左右的患者因剧痛、出汗、呕吐、严重腹泻造成血容量减少。因胃肠道严重呕吐、腹泻，造成有效血容量减少，导致有效血循环血量不足，亦可开启心源性休克的病理生理过程。理中汤主治在中焦虚寒，若在这一基本病机基础上，涉及少阴虚寒，笔者以为，可于温中中兼顾少阴，施以理中汤加附子，以激发增强血循环之动力，为中而兼下之治也。这与现代医学对各种类型休克关系的病理生理认识并行不悖，也深切中医理论之肯綮。

翌日复诊，鼻息脉搏有小幅向好。诊察之际，"见病者时欲以手覆头而不达"，先生天机迅发，随即问道："病者未厥时疼痛否？"答曰："下时先说腹痛，后说头痛。"即用吴茱萸汤加附子倍人参，一服神清能语，再服略进稀粥，小便一次（气化恢复初见端倪），越三日即能活动起扶入内寝。大下时先说腹痛，乃脾阳失运，肝脾不调，虚劳里急之候。再下致腹泻不止出现头痛，清阳下陷，浊阴上逆，东阳颓败，寒凝厥阴，气血不得上达巅顶。吴茱萸汤专擅温暖厥阴，振启东方颓阳，吴茱萸气味俱厚，具特殊臭气，冲动力大，人参扶正，姜枣调营卫（大枣还可以调和吴茱萸特殊的气味，便于病家受纳），开通经隧，冲动而不破裂；暖肝温胃，调护而不凝滞，实为温剂中不可少之要方。肝寒犯胃，浊阴上逆，治以吴茱萸汤暖肝温胃，散寒降逆，其治主轴为治中温中，涉及少阴阳虚，加附子倍人参，回阳救逆，益气固脱，是中而兼下，以中为主。

吴茱萸汤证在《伤寒论》凡三见，第243条"食谷欲呕者，属阳明也，吴茱萸汤主之"，第309条"少阴病吐利，手足逆冷，烦躁欲死者，吴茱萸汤主之"，第378条"干呕、吐涎沫、头痛者，吴茱萸汤主之"。阳明病篇的吴茱萸汤证属于阳明胃虚寒不纳证，少阴病篇的吴茱萸汤证系寒邪上逆中焦、升降紊乱之证，厥阴病篇的吴茱萸汤证系肝寒犯胃、浊阴上逆证，虽散见于各经，但肝胃两寒，浊阴上逆的病机基本是一致的。附子温肾，干姜温脾，吴萸温肝，因吴茱萸的特殊气味，温暖厥阴，开通经隧，冲动开发浊阴，别具一格，用治寒邪凝滞，血不上达之脑贫血，以及血塞血栓，尤擅其功。吴茱萸汤治尸厥，其基本病机相通相融，既在中医治疗上别开生面，且借鉴启发多多，必伏其所主，而先其所因也。

中医诊断对治疗攸关生死，首诊过程中，从"心口微温微动，鼻端尚有微息"，断其"未死尽也"，证明虚里按诊、鼻端触诊对于虚实的辨证，预后的判断，特别对危重病的诊断具有重要价值。复诊中，先生敏捷地抓捕到"病者时欲以手覆头而不达"的肢体语言，迅即问道："曾经头痛否?"对于鉴别诊断提供了关键信息。平常的学术阅历，诚如王安石评价唐代张籍诗所说：看似寻常却奇崛，成如容易而艰难。后期以小建中汤、黄芪五物、当归内补建中各方，氤氲鼓荡以发陈蕃秀，凭听阴阳气血之自为资始资生。

七、读晕厥案

先生早年邻居吴某，往岁劳碌，精神亦健。晚年悠闲逸乐，反多疾病，频频晕冒，证象殊异。"自觉初起热气一缕发自尻际骨中，循尾闾腰脊上蒸，若至胸部正对背处，其热气突出向前，由背至胸，由胸至腹，渐次下行，辘辘有声，矢气或小便后，病即中止豁然；若不由背转前，直冲而上，则头脑胀闷、烘热、耳鸣、目眩、面赤、自汗、言语难出、不能动弹，如醉状，历二时三时或半日不等。饮食如故，身体反胖"。"似虚上巅，而非风上巅；似真阳脱出，而非真阳脱出；自尻而不发自腰，并非元阳蕴藏之命门"。病家不能言其所为病，医家不能断其为何物，证象特殊，无所适从，初用虎潜丸镇纳填摄，似效非效，继用治疗郁冒血厥之许叔微白薇汤吞下大补阴丸，清敛其上，镇固其下，小效，病终不愈。临床但凡见到不合逻辑，乖违常理的特殊证象，无不有独处藏奸之处。先生反思，静心以穷理，格其所感、所受、所出及其传变，先议病后议药。吴某往岁，精神康健，晚年悠闲逸乐，反多疾病，正如《灵枢·海论》"髓海不足，脑转耳鸣，胫酸眩晕，目无所见，懈怠安卧"所述，初用虎潜丸滋阴降火，镇纳固摄，方药对证，但有逆其病势而强抑下折之虞，继用治疗血少气并于上，阳独上而不下之郁冒血厥的白薇汤合大补阴丸，清敛其上，镇固其下，方证一一对应，何以小效而病终不愈？至虚之处，便是客邪之所，"客邪深伏焦原（即命门真元所在），同于温病邪伏募原；客邪与真元混为一家，同于温邪与气血混为一家；客邪深入命门，横溢奇经，同于温病伏邪溃出，如剥蕉叶，前者去而后者来"。焦原，乃命门真元所在。真元，与元阳有别，乃宇宙间始元性的存在，不散不灭，与天地同流，万物皆由其派生，蕴含"生生"功能。真元更始元，更纯朴无素。"客邪深伏焦原，同于温病邪伏募原"，"深伏"，言其深根固柢，错节盘踞，难以根除，募原"去表未远，附近于胃，乃表里之分界，是为半表半里"，焦原，更幽潜，更深层。人气之生，生于真元。真元乃禀承先天父母之精，与谷气并而充身者，真元降临，赋予先天特质、能量、信息，是更基本、更持久的代际传递的 DNA。客邪与真元混为一家，同于温邪与气血混为一家，良莠混杂，但危害更大，"客邪深入命门，横溢奇经，同于温病伏邪溃出，如剥蕉叶，前者去而后者来"，恰如瘟疫有九传之变，因客邪深伏焦原，根深柢固，与真元混为一家，汉贼不两立，正邪博弈，旷日持久，相持胶着，非一朝一夕难分胜负。先生审时度势，因势而利导之，借用升麻鳖甲煎之升麻伍鳖甲深入阴分透出阳分，彻上彻下，环周不息，合白薇汤、大补阴丸，"外加紫河车和少许蟾酥、少许麝香，半搜剔、半镇纳、半清扬、半敛固，一月病少发，二月病全止"，顺其机而自安。先生连用"半"字，一句之中，四致意焉。针对病机复杂的疑难病证，圆机活法，奇之不去则偶之，多靶点、多维度施治，有制之师多而不乱，反激逆从，切合病机，允为本案的另一特色。

八、读中风案

汉口剧界余洪元，前当60岁时，曾患中风，口眼㖞斜，半身不遂，卧床不起，不唯不能坐行，且不能转侧，面赤气粗（风犹未熄），痰声轳轳，神识半昏，时或晕瞀，食不易下，非难吞即自落下。时历四月，中西方药无效，延予诊治。脉乍密乍疏，弦劲中带滞涩象，病机脉象均颇坏。此病乃《素问》所谓血之与气，并走于上，则为大厥。血菀于上，使人薄厥。病者年逾花甲，春秋已高，献身文艺界，无暇休息，平时血压即高，工作又忙，烦劳则张，平衡失驭，风阳上冒，激荡不宁，均是促成此病的暴发因素。且病逾百日，犹复面赤气粗，气血上并，冲激未已，病之坏处在此。然气来犹盛，未成痼疾，以我阅历，病犹可愈。此际治疗，镇敛浮阳，平戢孤亢（息未息之风）冀可暂免急遽变化，再商办法，拟方：

白薇、百合各三钱，龙骨、牡蛎各四钱，紫石英、灵磁石、赤石脂各三钱，寒水石、滑石各六钱，大黄一钱五分，铁锈末三钱，竹沥、荆沥各五钱（二沥冲服）。

一星期略安，得大便一次，原方减大黄为一钱，加琥珀末五分、怀牛膝四钱。又一星期渐佳，大便二次，面赤气粗、痰壅神昏等象锐减，手足能动，勉能起坐，原方去大黄、铁锈，加鲜生地一两、山萸肉三钱。约二星期，病愈大半，后于前方去寒水石、滑石、荆沥，时加菖蒲、泽兰、甘松、橘络、青木香等，前后约六十日，痊愈。

余洪元先生为20世纪20年代汉口梨园巨擘，与京城梅兰芳齐名，康复后出重金在江南各大报登消息鸣谢，重返舞台演出，连日爆满，一时传为佳话。

此案血之与气并走于上，狂飙莫制，病危重而情势急迫。挽危救亡，稍纵即逝。白薇、百合沉静循环，治气血之浮越，六石二鳞皆镇降潜纳，荆沥、竹沥伍以大黄祛痰化痰、下引下泄、荡涤痰热，铁锈末收敛神气，镇定浮越，冀其镇敛，平戢，乃克有济，经治一星期后略微舒缓。案中特别指出"大便一次"，效方不更，减大黄加琥珀、怀牛膝，轻虚清越，安魂定魄，引上部之血下行。又经过一星期的治疗，病凶证危之势得到扭转，病机出现转机，再次指出"大便二次"，面赤气粗、痰壅神昏诸象锐减，气血上并之势被遏制，原方去大黄、铁锈，加鲜生地、山萸肉，病势被挫，病机渐缓，随即予大剂益水敛阳之品滋液息风，阴平则阳秘，水足则火敛。又治疗两星期，病愈大半。后于前方去气寒滑利之品，以免伤生生之气。时加开窍豁痰、醒神益脑、镇静中枢、活血通络之品，前后约六十日，竟收全功。

此案余某中风逾百余日，经中西治疗罔效。证凶病危，病机紧迫，以为中经中络则非纯中经络，以为中脏中腑则非纯中脏中腑，虚中夹实，实中夹虚，治疗亦不得局限于某一途，定当多方以求。先生主以沉静循环、镇降潜纳、祛痰化痰、下引下泄、荡涤痰热、收敛神气，镇定浮越多维调治，一星期略微舒缓，又一星期诸证锐减，加入滋阴息风又治疗两星期，病愈大半。在中医治疗中风诸多治法中，别开沉静循环、潜阳豁痰、下引下泄、镇定浮越之生面，丰富了中风病的中医治疗方法。

此案对后学者的启发尚非仅此，如案中两次点明药后"大便一次""大便二次""原方减大黄""原方去大黄"，明显着墨较著，反映出先生对肠腑与大脑生理病理关系的重视与认知。风阳暴盛，挟痰上亢，升降紊乱，机括失灵，大黄下引下泄，直折上逆亢阳，通腑导热，釜底抽薪，腑气通，痰热去，面赤气粗、痰壅神昏锐减，古人谓之围魏救赵。《伤寒论》第212条"独语如见鬼状""发则不识人""寻衣摸床，惕而不安，微喘直视"，第252条"目中不了了，睛不和"，中医认为肝肾阴津被阳明腑热损伤，究其实质属大脑神经功能损伤，张隐庵所谓"阳明悍热之气上循入脑之证"，仲师主以大承气，浊降则清升，大脑机括复灵，开脑—肠合病治疗先河。

笔者1986年夏参加中医内科主治医师职称临床考试，某县级单位一位女士，年五十，体态丰腴，血压素高。其夫口述，其一周前猝然倒地，昏睡不语，神志似清非清，时昏时昧，目睛昏黯无神，呆滞不灵，吞咽不能自主，小便失禁，大便不通；半身不遂，瘫卧病榻，依靠亲人帮助翻身。入院后因条件限制，未做CT、核磁共振检查，予溶栓、抗凝、降低颅内压、纠正电解质及酸碱平衡，未见缓解。余见其面容如常人一般，仅木然无表情，其腹部胀满膴然，鼓之如鼓。嘱其夫掰开口腔，察其舌苔垢腻，偏黄，有热臭气呼出，按其脉弦大而数，一派阳明腑实证候，予大承气汤急下之。生大黄 10 g（后下），厚朴 15 g，枳实 15 g，芒硝 10 g（冲服），两剂，水煎胃管注入。半日许注入两次，腹内咕咕声叫，腑气开始运行，机括开始复灵。第二天原方续进，至黄昏时得大便，神志转清。继以半清半调半养，调治半年，生活自理，恢复健康。后读方药中、邓铁涛等主编之《实用中医内科学》，中风一章有痰热腑实、风痰上扰证型，治以化痰通腑，药用星蒌承气汤加减。彼此，笔者益信脑—肠间生理病理患难与共，休戚相关。

九、读野山参烧灰为引案[①]

20 世纪 20 年代江苏省府省长齐耀琳母亲偶感风寒，高热不退，浙江中医名家及日本大夫、德国医学博士，经治一周，未见好转，且日重一日，齐府上下六神无主，凄惶失措。因慕先生医名，遂派专人专轮到汉邀请先生以决生死。船靠下关，不遑暇食，先生察色按脉，详细询问病情及治疗经过，遍检此前处方，四诊毕，沉思良久，拟方：北柴胡三钱，牡丹皮三钱，鲜生地黄一两，黑玄参四钱，瓜蒌根四钱，肥知母三钱，鲜芦根八钱，生甘草一钱，百年野山参一两（烧灰做药引）。一剂知，二剂已，热退神清，竟获痊愈。

此方滋阴生津，清热凉血，所遣药物除野山参外均极寻常而廉价，取效却神速，宁汉两地中医界同仁在赞叹之余又大惑不解，特别对此方以野山参烧灰作药引之举一片哗然，连与先生齐

[①] 此案根据先生高足湖北省名中医汤辅康《悼冉雪峰先生词》、原卫生部黄树则副部长回忆有关先生医事专文及国务院副秘书长张镜源主编《冉雪峰学术评传》相关资料综合整理。

名的杨树千老师也疑窦重重，陷于疑惑中。为此，汉上中医药学会特别召开该病案专题研讨会。一时名医荟萃，各提疑问，各抒己见，先生一一作答解惑。集中起来最具代表性属杨树千之问"伤阴用参出自哪本中医药典籍？人参剂量高达一两，与病证如何认识？野山参烧灰，且烧成白灰，是遵什么古法炮炙？"

人参，甘、微寒，《本经》列为上品，补五脏、安精神、定魂魄、止惊悸、除邪气、明目、开心、益智、久服延年。前贤徐灵胎曰，人参得天地精华纯粹之气以生，凡补气皆属阳，唯人参能补气，而体质属阴，故无刚燥之弊，而又能入阴分，最为可贵。《伤寒论》113方，用人参者17方，皆因汗吐下后亡其津液，取其救阴。

接下来先生会心一笑，从容道来："野山参烧灰，药性全失，一方千金当自有效。此方若无野山参，则贱如粪土。试问，省府高堂若不服我这普通寻常又廉价的方药奈何？奈何？"继而曰："从容人事，以明经道当作何解？"会上举座鞭然。齐母有儿仨，长子齐耀琳官至江苏省长兼督办，次子耀珊官至浙江省长、北洋政府内务总长，幼子耀城曾任天津县知事，中国社会向来母以儿贵，钟鸣鼎食之家，平素养尊处优，体质孱弱，卫外不固。邪之所凑，其气必虚。此次偶感冒风寒发热，本属小恙，恃其贵为省长高堂，膝下非贵即富而兴师动众，以致日重一日。野山参为稀世珍品，养尊处优之家常服人参当茶，即便稍有条件病家，亦不乏以用参为尽孝慈之道，况省长高堂乎？先生所开处方，遣药多平常便宜之品，一贯锦衣玉食的齐母，此前遍请中外名医、遍服名贵药物而未见效，又岂能轻易相信这区区几味便宜中药能治其玉体之病呢。于是用大剂量野山参从权，明修栈道以安其心。但病未去而用参则非独气不能充，阴液不得滋濡，反致病根遂固，诸药罔效，前医之误，殷鉴未远。因证不能用参，故烧灰为引，用其名而去其实。廉价方药业已对证，野山参之妙在遂其心为上。攻心为上，出其不意，先生超乎寻常的思维与治疗措施，满座同仁，频频颔首叹服。

齐母愈后，齐督"以千金为酬"，先生却之，"齐遂拜揖于阶下"，"不数日，又派专人"给先生"送来一部殿版《古今图书集成·医部全录》"。

兵者，诡道也。徐灵胎曰用药如用兵，提出"知己知彼，多方以制之"的指导思想，用药如用兵，处方遣药之道在于千变万化，出其不意。兵不厌权，不断地制造玄幻，让人摸不透真实意图。上兵伐谋，智圆行方，此之谓也。

十、读陈嘉庚乌头中毒案[①]

1958年，陈嘉庚先生因"头风痼疾"，自服《验方新编》中的"治诸般头风"的乌头验方（白芷二两半，真川芎、甘草、川乌头半生半熟、明天麻各一两），共购得二剂。原书载本方共为末，每服一钱，然病者家属误作煎剂，二剂同煮送服，乌头量达二两，遂致中毒。冉老与我赴马匹厂陈嘉庚先生二楼卧室时，见其俨然酩酊大醉，如坐舟中。陈嘉庚先生不会说普通话，用闽南话说些感觉，诊脉为涩象。冉老云：宜以扶正解毒法治之。方用西洋参、云茯神、软白薇、生甘草、川橘络、淡竹叶、炒山栀、鲜石斛，水煎冲服犀角尖，外以绿豆煎水频频送服。翌日复诊，神识渐清，脉转强劲，血压 160/100 mmHg。冉老认为高年阴伤，

[①] 本案摘自陈可冀院士《怀念名医冉雪峰》。

阴虚阳浮，予前方加鲜生地、桑螵蛸、怀牛膝以益肝肾而摄治。此案例一方一药加减进退，我始终不忘。"

1958年，陈嘉庚年84岁，春秋已高，因毕生为国事奔走，操劳驱驰，造成身心虚损，阴虚于下，阳浮于上，误服过量乌头中毒（乌头有效成分主要为乌头碱、新乌头碱，口服纯乌头碱0.2 mg即可中毒，3~5 mg可致死），垂笃垂危，病已造极。先生受命救治，深感责任重大，一心赴救，凭脉辨证，成竹在胸，扶正解毒，一剂而效著转危。复诊，效方不更，加滋养肝肾之品而获痊愈。

本案治疗看似云淡风轻、波澜不惊，实则乃先生厚植学养、丰饶阅历长期凝练之定力所决定。清代张志聪《黄帝内经素问集注》"假若天机迅发，妙识玄通，藏谋虽属乎生知，标格亦资于治训，未尝有行不由送，出不由产者"，此案胆识兼全，非确有经验，博历知病者，断不敢担此重任。

十一、读下痢案

读先生医案，时时予人一隅三反启发。医案录入痢、疟各四案，平正中见奇，有据有论，耐读，颇有回味。张姓母女案，母患痢，迁延失治，痢下无度，几达日百数十行，坠痛窘迫特盛，甚至坐便桶上数小时不起。因失血过多，致七月胎孕流产，发生晕厥，奄奄不支。刻诊"皮肤冷沁色夭不泽，气粗神倦，奄忽恍恍，脉微弱中兼劲数艰涩"，病趋险重势转蹙迫。处方：当归八钱，芍药八钱，黄连一钱，黄芩、黄柏各一钱五分，广木香一钱，厚朴一钱五分，茯神四钱，琥珀末八分，蒲黄三钱炒半黑，香附末三钱炒半黑，生甘草一钱五分，三剂，方后括号内自注

"参傅青主女科方变通之"。

痢为病，无论寒热，总是肠中有滞，气血失于流畅，故以调气、和营为基本治则。刘完素讲：调气而后重可除，行血而便脓自愈。本案胎孕七月遭逢痢下，迁延失治而日重，又生小产之变，失血过多，因虚而发生晕厥及种种虚实互呈的窘状。傅青主曰，产后患赤白痢，里急后重频并，"最为难治"，"欲调气行血而推荡痢邪，犹患产后元气虚弱；欲滋荣益气而大补虚弱，又助痢之邪，唯生化汤减干姜，而代之以木香、茯苓，则善消恶露而兼治痢疾，并行而不相悖也"。产后患痢，最为难治，任意攻下则伤正，急遽补塞则固邪，攻补之间进退维谷。

观本案痢夹虚夹小产，较之正常分娩患痢，无异雪上加霜，病情更行险迫，治疗更为棘手。先生在方后自注云："参傅青主女科方而变通之"，因痢下失治，迁延日重，造成七月胎孕而流产，失血过多而晕厥，重用当归、芍药补血行气和营，一以补失血之虚，一以调营血之滞。少用三黄以清解燥湿，血药四倍于清解药，抓住血分虚损的症结遣药。以厚朴、木香、香附行气导滞，气分药总量占血分药总量的二分之一，突出痢下夹虚夹小产的病机。针对这一病机，在各药的配伍上也煞费神思。香附子誉为气病之总司，女科之主帅，常随配伍炮制不同而功用各异。生则行，炒黑止血，得童便浸炒则入血分而补虚，得归芍补血，合芩连以降火热，得木香、厚朴疏滞和中，与茯神则交通心肾。琥珀一品通灵，血分药而气芳馥，安定中有冲动，消瘀活血，调营安魂魄。茯神，感松精灵异之气而生，安神宁心，醒豁神经。蒲黄乃蒲之精华，止新血，消瘀血。炒黑止血、定痛、生肌，专入血分，并以清香之气兼行气分，有"失笑一投，捷于影响"之功。首服三剂，宜其"神志勉可安定，坠痛略有减意，出血减少",血虚渐复神志渐安,气滞略减,出血现少,去蒲黄、香附加白头翁三钱增加清热解毒,凉血止痢的作用。白头翁别名白头翁草,因其嫩叶上有白色绒毛,具生生之性,兼有清散升发的作用。又服三剂后,痢减三分之一,神志较佳;反映血虚恢复较快。三诊前方当归减为四钱,去茯神、琥珀,加炒地榆一钱五分、阿胶三钱,续服一周。地榆清热凉血,为凉血专剂,且以凉血者散气,一物兼擅两用,别录谓之疗"产后内塞","内塞"二字,先生谓之,"虽不经见,然此乃古义也。泽兰条亦有此同一字样,系产后内部伤肿硬化,地道闭塞,与急性顽固性各种子宫壁炎相类。二条内塞上均有产后字样,泽兰条句中尚有金疮二字,曰产后金疮内塞,亦若难产行产科手术过当,而诱起者也"。阿胶膏长阴气,沉静循环,育阴以和阳,与凉血之地榆相伍,恰合符节。一周后病减三分之二,"神志安好,食思更佳。再服一星期,诸证悉愈"。

张姓母患病时,其女在病榻前护理,洗涤秽浊,清除粪便,煎药喂药,服侍饮食照顾起居,均一人亲力亲为。讵料母病方愈,女病又作,"痢势程度,与乃母埒",先生诊断为"一气所传化",乃湿热疫毒侵及肠胃,湿蒸热蕴,气血阻滞,热毒壅盛,发为痢疾,与前一阶段的病因病机完全相同。惜张姓母迁延失治以致酿成夹虚夹小产,女病起手即与清热、解毒、凉血、止痢之白头翁汤,随机斡旋加减黄柏、黄连、银花、赤芍、丹皮等,治疗两星期而愈。

该案自按曰:"微者逆之,甚者从之,通因通用,塞因塞用,古人早有明诫,当参酌病因、体质、有无并发症,以及病的转归,伏其所主,以平为期",乃点睛之笔,临证之金鉴。

十二、读霍乱案

武昌武胜门外夏姓夫妇同居一室同样生活，因街市流行霍乱，同为传化蔓延，且同一日发病，"均大吐大泻大汗出，肢厥脉厥，腹痛筋转，目陷皮瘪"，脉证颇同。夫"则舌苔白，津满，渴不欲饮，喜热，吐泻清冷，不大臭，其筋转强直拘挛，是为寒多"；妇"则舌苔黄，中心灰黑，津少，口大渴，饮冷不休，吐泻甚臭，其筋转抽掣急剧，是为热多"，细审病象，明辨脉证。一夫一妇，一寒多一热多，苔白、津满、渴不多饮、喜热，苔黄、津涸、口大渴、饮冷不休，病象两歧。

《伤寒论》第七章对辨霍乱病脉证并治提出鉴别大纲，"热多欲饮水者，五苓散主之；寒多不欲用水者，理中丸主之"，将患者喜恶欲求作为辨证眼目，先生就"欲""不欲"更进一步到"不欲""喜热"与"大渴""饮冷不休"，从饮冷饮热喜恶上辨识寒热属性。治疗上就仲景法再进一层，一用通脉四逆汤加减甘草、干姜、附子、猪苓、木瓜；一用甘露饮加减白术、茯苓、猪苓、泽泻、条桂、滑石、石膏、寒水石、蚕沙、省头草，续续频进如前法，三剂后，夫妇均吐泻止，厥回脉出而愈。

案中"如前法"指服理中汤后，食顷饮热粥和服五苓散，以白饮和服（白饮即白米汤），两种服药方法如出一辙，均在培脾土，保胃气，资中焦化源。通脉四逆汤系从理中汤脱出，霍乱大吐大泻，不唯中焦脾气坏，下焦肾气亦伤。此时参术缓不济急，故去之。另加附子倍干姜，以启下焦生阳。

一夫一妻，因夏秋时行疫毒流行，同时感染，同时发病，同室居住，因一样生活起居，何以发病后出现寒多、热多两歧？这与中医体质（禀赋）学说，病机"从化"理论相关。病邪侵入人体，随人之体质差异而发生性质的改变，阳热之体得之，从阳化热则热多；阴寒之体得之，则从阴化寒则寒多。治疗上若"互易其药"，或"同用一法"，要么两伤，要么必损一方。

公历1904年，闰六月，霍乱肆虐武汉三镇，病亡者以万计。先生于《灵素》气交变篇、六元正纪篇中求索，更于《伤寒论》霍乱篇中尤有所得，用于临床，活人甚众，重者六脉全无，庆生者多。先生所编《霍乱证与痧证鉴别及治疗法》一书于1906年出版。全书分上、下篇，上篇"正名""辨证""施治"三节，下篇"寒多门""热多门"二章。

"呕吐而利名曰霍乱"，乃仲师明训，不吐不利，不可谓霍乱。霍乱只有寒热，并无干湿之分。痧证为闭，霍乱为开，不吐不泻，不为霍乱，大吐大泻不为痧证。霍乱，仲景以寒多热多分疏，土位中央，交会水火，有寒有热，挥霍撩乱，清浊相干乱，"其中寒热夹杂，特分寒多热多耳。使单寒无热则为寒证类，单热无寒则为热证类，均不谓之霍乱矣"。先生从阅历中习得："津竭肤燥，舌干齿枯，苔黄眼红，大渴饮冷不休，小便难，吐泻臭，脉未绝时，洪数为热多证。下利清谷，吐泻不臭，小便清利，自汗，舌苔白津满，渴不欲饮，或不渴，为寒多证"，真可谓"独具支眼，发圣经不言之秘"。先生提出治霍乱三弊，"一混痧为一，一不分寒热，一偏主寒热"，拨乱以正名。混痧为一之弊易知，最难在偏主寒热的思维定式，须知"寒多热多，寒多不是无热，特寒为多；热多不是无寒，特热为多"，从生理、病理分析，没有绝对的独寒、独热。寒多不用水者，理中汤主之，方后有八个加减法，四逆汤及其衍生诸方均从此脱出，宜详加分辨。"热多欲饮水者，五苓散主之"，亦当分辨外夹微寒用桂枝以化太阳，内夹微寒用肉桂以温少阴的变化。若感染霍乱厉毒成疫，治疗亦须进一层，即宜变通醒脾，解毒逐秽，切不可与霍乱正治抵触，活法中亦有定法。清热解毒，辟秽泄浊之燃照汤，流湿润燥，宣通气液之桂苓甘露饮，清热利湿，升清降浊，舒筋通络之蚕矢汤等均可配合定法选用。

十三、读劳复案

马某女，妇科医生，病温，自为治疗，羁迟多日，过经不解，秽浊内干，清窍蒙蔽，气逆神昏，烦乱谵妄，"脉弦数劲疾苔黄而灰，（舌）底绛，舌上津少"，经先生诊察，诊断为邪热炽盛，阴液复伤，拟清宫汤加减：卷心竹叶四十九片，莲子心八分，元参四钱，连心麦冬、连翘心各三钱，鲜芦根八钱，六味同煎，冲入犀角汁。外至宝丹一粒，先用银花露一两，温开水半杯化服，续服煎剂二剂，"热渐减，神渐清"。复诊，煎剂如上，改至宝丹为安宫牛黄丸，又一剂，"得大便一次，通身漐漐有汗，热退气平神清，病已向愈"，以归地养营加减善后。过了个多星期，"证象甚佳，无残余留邪状情况"。然而正当"病方愈未大愈时"，出现复热、昏顿谵妄的危重状况，教人一时不知底里。先生审思，温病"表而再表，里而再里，前者去而后者来，如剥蕉叶，有清下至十余次而始愈者"。此病前此愈时，得大便，里气通；得周身漐漐汗出，表气通，绝不会没有原因的无端自复。细细询问，得知：适值病方愈之时，与其爱人同宿，因之复热，舌如胭脂，津润、困顿昏瞀，"乃阴竭阳亢，余烬复燃，虚风上巅"所致。拟方：鲜生地汁一两，青蒿露、地骨皮露各五钱，元参心、连心麦冬各三钱，犀角尖磨汁四分，白薇三钱，鳖甲四钱，鲜菖蒲八分，青木香三钱，三剂病减，五剂热退病除，再以归地养营加覆盆子、菟丝子、女贞子收功。

先生自按:"此病治疗不难于前此之热如心包,而难于后此之犯房劳复,不得不清,不敢过清,不得不补,不敢过补,以补为清,以清作补,安其所因,随其所宜。"

仲景《伤寒论》辨阴阳易差后劳复病脉证并治第十四有专篇论述,阴阳易一证,历代医家认识多歧,迄未统一。以成无己、喻嘉言为代表认为是大病新瘥交媾,男病传女,女病传男,易作"交易"解。成无己:"男子病新瘥,未平复,而妇人与之交,得病,名曰阳易;妇人病新瘥,未平复,男子与之交,得病,名曰阴易。"清陈道尧提出不同认识:"男病新瘥,女与之交,曰阳易。女病新瘥,男与之交,曰阴易。细考之,即女劳复也。有谓男病愈后,因交而女病;女病愈后,因交而男病,于理未然,古今未尝见此病也。其证头重不举,目中生花,有时阴火上冲,头面烘热,胸中烦闷,甚者手足挛拳,百节解散,男子阳缩入腹,妇女痛引阴中……"。大病初愈,正气当弱,阴阳未和,余烬未清之时,因交接而病复发,出现一派精气虚损、津亏火炽之象,名曰女劳复。《医宗金鉴》:"房劳复与阴阳易,二病情异证相同",此之谓也。案中马某女所患即女劳复,先生以犀角地黄汤、清宫汤化裁,加青蒿露、地骨皮露以清代滋,白薇、鳖甲以补代清治之获愈,是"伤寒原理用于温病,温病治疗可通用伤寒"的又一范例。阴阳易差后劳复病,隋巢元方《诸病源候论》有较大篇幅论述,伤寒阴阳易候:"阴阳易病者,是男子妇人伤寒病新瘥,未平复,而与之交接得病者,名曰阴阳易也。"伤寒交接劳复候,"夫伤寒病新瘥,未满百日,气力未平复,而以房室者,略无不死者。有得此病愈后六十日,其人已能射猎,因而房室,即吐涎而死,病虽云瘥,若未平复,不可交接,必小腹急痛,手足拘拳，二时之间亡。范汪方云，故督邮顾子献，得病已瘥未健，诣华旉视脉，旉曰：虽瘥尚虚，未平复，阳气不足，勿为劳事也，余劳尚可，女劳必死……献妇闻其瘥，从百余里来省之，住数宿止，交接之间三日死。妇人伤寒，虽瘥未满百日，气血骨髓未牢实，而合阴阳，快者当时，乃未即觉恶（悟），经曰则令百节解离，经络缓弱，骨髓空竭，便恍恍吸吸气力不足，著床不能动移，起居仰人食如故，是其证也。丈夫亦然"。伤寒劳复候，"伤寒病新瘥，津液未复，血气尚虚，若劳动早，更复成病，故劳复也，若言语思虑则劳神，梳头澡洗则劳力。劳则生热，热气乘虚还入经络，故复病也"。伤寒病后食复候，"伤寒病新瘥，及大病之后，脾胃尚虚，谷气未复，若食猪肉、肠、血、肥鱼及久腻物，必大下利……若食饼饵粢黍饴、哺脍炙枣栗诸果物、脯修及坚实难消之物，胃气尚虚弱，不能消化……大病之后多坐此死，不可不慎也。病新瘥后，但得食糜粥，宁少食令饥慎勿饱，不得他有所食，虽思之勿与之也"。

笔者受先生医案启发，亦有两案，现记于此：

巫山小三峡，山水甲天下，游客络绎不绝。每逢旅游黄金周，游船如织，日往返小三峡，多达三趟。刘姓游船船工，患阴黄，湿重于热，经笔者治疗月余而愈，嘱其请长假将息休养。五一黄金周结束后两天来诊；神情委顿，面色略带晦滞，纳呆脘闷，腹部膨然，食与不食皆胀，腰膝酸软，舌质淡呈浅蓝，舌苔黄白略腻，脉来濡细而涩。诊毕，暗暗思忖，前后不出两月，病后何以急转直下。细询之，"五一"新婚，适七日游高峰，每日披星戴月，往来接送游客多达三趟，顾不上吃饭。自述"天天饿得要死，吃一顿又胀得要死，不忙了，又吃不下了"。房劳复、劳复、食复，三"复"合至，焉得不病，焉得不大病？予健脾温运、益肾填精、养肝调枢、芳化淡渗、养血活血多方以求，再三嘱其远欲，节劳，增加河鱼、土鸡类营养。首方服用二十多剂，病情时缓时复。大半年后，刘父来医院，面戚戚然，刚坐下就说，其子已病殁。悲乎。

壬寅冬腊月，新冠病毒在巫山肆虐，感染者众，大多症状较轻，两三天就过去了。年老羸弱者不乏染病不起。癸卯正月初七上班伊始，某矿山机械公司陈姓女员工，步履迟缓走进诊室，睛光暗淡，眼胞浮肿，面容少华，舌淡苔白，诊得寸脉浮缓而弱，两尺脉大无力，自述：时时发热、汗出、恶寒，周身关节冷痛，背部发冷，穿两件羽绒服不觉热火，遍贴暖宝宝。上楼梯爬上坡气短，稍动则发热汗出，汗后肌肤粟起发凉，夜间燥热，汗出又不敢揭被，稍一透风即喷嚏连连，鼻流清涕。月事逾期不净，色偏暗。患者去岁因寻求保健调理来诊，神清睛明，步态轻盈，行走带风。刚刚翻过年来，竟出现如此之大的反差，教人费解。经诊察，恍然得悟，壬寅岁末感染新冠，当时全无知觉。阳康后欢度新春佳节，一派洋洋喜气。会聚宴饮之余，房事较频，更添经水适来，感触风寒。初不以为意，自服感冒药应付，前后不出十天，拖延成劳。证为房劳复，病在肺肾两家。卫气源于肾而发布于肺，肾中精气频耗，卫源枯竭，温煦失职，虚寒深入骨髓。肺卫受损，藩篱破败，不能卫外为固，一派洒淅寒象。主以桂枝加附子汤合玉屏风散、小柴胡汤化裁，加淫羊藿、仙鹤草六剂，一周后病去多半。复诊，偕其夫来就医，经诊察，夫妇同证同病，所不同其夫晚发一个周期。效方不更，各携六剂，并嘱将息静养，戒妄持满。

十四、读肺痿案

"杨某,湖北武昌人,年四十。久咳,遂成肺痿。来我处诊时,病已造极,潮热盗汗,脉虚数,肌肉消脱,皮肤甲错,面目黧黑,稍动即息贲,气不接续,浊痰胶结浓干黏糊,不能平卧,亦不能仰靠,须两手撑床,曲背如虾状。以头向下,如小儿游戏翻筋斗然,不能寐,万分疲极时,作此状稍安。所以然者,痰堵塞,无力搏出,必曲背头向下,痰方稍松,气方稍平。"先生多方以求,"清肺热、化肺痰、理肺气,润肺燥,补肺虚",似效不效。一日,患者与友人闲谈中,"闻某病肺痿,系服樟木刨叶治愈。适邻舍木工,有用樟木者,拾其刨叶煎水服一盅,是夜小安,深信樟木之效。翌日,拾一大包约斤许,用大罐煎之,满饮两大碗,逾时腹痛泻利不已,脉弱气微,不能动弹,困憊不支,奄奄一息"。虚败欲脱,命悬一线之际,先生以止泻固脱救治,方用:芡实、苡仁各五钱,石莲肉、山药各四钱,人参一钱五分,粟壳三钱,干姜炒半黑一钱,甘草一钱,二剂泻止,勉进薄粥。

"自此年余未平卧者居然平卧。续用五白宁肺散、紫菀汤、百部散出入加减,热潮渐退,痰滞渐豁,约一月病大好转。后以延年贝母煎、崔氏苏子煎调摄痊愈。"

笔者第一次听闻此医案,是在"文革"前,秋冬交季之夜,先严与肺痿患者(教研室傅姓教师)灯下探讨,患者自述循本案例服樟木水后的反应,其惊异有得的神色,历历在目。

先生自按:"于因此有感于中,樟木水何以能疗肺痿?盖樟木香臭甚烈,有毒,滑泻力强,能稀释胶结,搜剔幽隐,涤荡潴秽,与葶苈大枣泻肺汤类似。但葶苈大枣泻肺汤是治肺痈实证,此是肺痿虚证，何以亦能治？且前次按法用药，何以不效？自服樟木水后，何以服用前药又有效？盖前药未达有效量耳。浊痰随来随积，去少积多，如何有效？服樟木水后，浊痰老巢已破，半调半疏足矣，所以得愈，亦未始不由此。"

先生就樟木水治疗肺痿虚证连设五个问句，从樟木性味功用，药物剂量与药效关系，药物中毒剂量与药效关系反复阐释，得出"大病须用大药，不得先将一个'虚'字横亘胸中"警言。《金匮要略·血痹虚劳病脉证并治第六》治五劳虚极羸瘦，腹满不能食，七伤内有干血，肌肤甲错，两目黯黑，以大黄䗪虫丸破血攻瘀。大黄、䗪虫、虻虫、水蛭、蛴螬、桃仁、杏仁以破瘀行血，干地黄、芍药、滋血活络，黄芩清热，甘草和中。重药轻投，缓中补虚。《金匮要略·痰饮咳嗽病脉证并治第十二》"夫有支饮家，咳嗽胸中痛者，不猝死，至一百日或一岁，宜十枣汤"。支饮水气乘肺凌心，咳且烦，烦且痛，即使不猝死，拖延百日或一岁，体弱正虚已趋其极，自不待言，仲景仍用此方。饮不去，则正不复，死里求生，别无二途。

笔者受先生杨某肺痿案启发，临床中，虚劳病治疗中后期，常予大黄䗪虫丸参其间，都能收到意想不到的疗效。邪气盛则实，精气夺则虚，虚劳病的治疗多针对五脏，阴、阳、气、血不足，用药大都在芪、术、归、地，左归右归范围，往往忽略了积劳为虚、积虚成损病机演变中，虚气流滞可致瘀，血虚运迟可致瘀，多半见久病络阻之证。去瘀而新自生，虫类灵动搜剔之品大有用武之地。

十五、读肺痈案

此案首见先生所著《健忘斋医案》,"湖北葛店,万姓妇女,患肺痈,病已危急,远道着人邀诊。入门后隔寝室尚远,即闻病者齁喘声。至病室,见其床侧置篾箕一具,内铺柴灰。上积病者所吐之五花脓痰厚半寸许,约计不止一菜碗。询问经过,据答吐如此脓痰已一周矣。行近病榻,见其靠坐,面部微肿,眼珠外突,齁喘如曳锯,胸前拒按,烦郁胀闷。脉劲数,时或一止,参伍不齐。断为肺痈,化脓穿溃,病已濒危"。"诸气膹郁,皆属于肺",肺痈热壅血瘀,血败肉腐,肺气壅滞,呼吸不利,反而触动脓痰,故隔寝室尚远,即闻齁喘气粗痰鸣如曳锯,靠坐不能平卧。邪热郁蒸,腐败气血,故咳唾五花脓痰量多盈碗,长近一周。面部微肿,眼球外突,胸痛拒按,烦郁胀闷,乃肺家蓄结痈脓使然。先生断为化脓穿溃病已濒危。《金匮要略·肺痿肺痈咳嗽上气病脉证治第七》"热之所过,血为之凝滞,蓄结痈脓,吐如米粥。始萌可救,脓成则死",今痈脓已成更是化脓穿溃,病势愈显濒危。予千金苇茎汤合栽加减,拟方:苦葶苈六钱,苡仁五钱,瓜瓣八钱,桃仁三钱,鲜苇茎半斤,熬水煎药。

"三日进三服。胸痛渐松,齁喘渐缓,痰浊渐稀,原方加减,嘱再服三剂。服药,病机又再减缓。仍宗前方,加重其制,又日服二剂。约半月,齁喘始止,脓血始净。前后用葶苈约一斤半,始意不敢多用,不泻又服,出意料外,始终未腹泻"。后以瓜贝养营汤、外台十味煎调摄收功。先生自按,"此病出死入生,得力前杨姓肺痿案之助益不少。不仅肺痿、肺痈,后治其他肺病,得此两案之益不鲜焉"。

本案不仅成痈,且已血腐肉败,肺中蓄脓,肺脉痰阻,化脓穿溃，病势更形危重。先生揣度，患者"吐脓血七日不死，或有一线生机"，对无望与其坐而待毙，孰若乘其或存一线生机而以大药救之，葶苈大枣泻肺汤主肺痈将成，肺气壅闭，喘不得卧，今已化脓穿溃，因之去大枣之甘缓，取性味辛寒、芳香清润、散结宣窍之葶苈，合千金苇茎汤合裁加减。首诊、二诊虑其力峻不敢多用，三诊"加重其制""日服二剂""约半月"，鼽喘止，脓血净，前后用葶苈约一斤半，服药过程中，始终未腹泻，亦未减食，愈后反而丰腴。

有学者提出苦葶苈用量太大，会损伤肺气。张山雷讲，葶苈"临证以来，所用甚多，开肺之效，久已共见；伤肺之弊，尚是无闻。抑且通调水道，固有其功，而伤肺作泻，未见其罪"。来自临床的真知，先生与寿颐英雄所见略同。葶苈性味辛寒，《本经》曰主癥瘕、积聚、结气、饮食寒热、破坚逐邪、通利水道。以结气披症积之窍，以水道握破逐之枢，化气行水，气化而症积除，水行而坚邪去，功效卓越，毫不伤正，临床可放胆使用。

先严生前多用大剂量鲜芦根、葶苈合千金苇茎汤、桔梗汤加减化裁治疗肺痈，其脓将成或脓成穿溃，无所畛域，总能应手取效，转危为安。"文革"初夏，巫峡镇近郊黄某年届中年，患肺痈脓成破溃，病已造极。先严果断处方：鲜芦根一斤先熬，取水煎药，葶苈八钱，薏苡仁五钱，冬瓜仁八钱（捣破），桃仁五钱，丝瓜络八钱，连翘五钱，金银花藤八钱，桔梗八钱，生甘草五钱，三剂，每日服一剂。黄某家屋后近旁有溪流深涧，芦苇丛生，郁郁葱茏。嘱其妇挖掘鲜芦根，多多益善。除取斤许煎药，另取斤许煎汤代茶频饮。三天后，鼽喘稍息，胸闷渐宽，胸痛些微减轻，脓血痰浊，较前易咳吐，但其味依然腥臭异常。病情出现松动端倪，原方不更，再服五剂。仍宗前法，鲜芦根煎汤代茶不减。服后病情减半，守原方加减，服十五剂。前后用鲜芦根不下 50 斤，每天平均约两斤左右，后以参苓白术散合金匮麦门冬汤收功。十年后，笔者家中亲人去世，黄某听闻后，即刻赶至，帮助料理丧事，全程劳心劳力。每忆及此，心中感念不已。

参考文献

1. 中国人民政治协商委员会武汉市委员会.武昌起义档案资料选编[M].武汉:湖北人民出版社,1980年.
2. 冉小峰,冉先德.冉雪峰医全集[M].北京:京华出版社,2004年.
3. 南京中医学院伤寒教研组.伤寒论译释[M].上海:上海科学技术出版社,1980年第2版.
4. 方药中等.实用中医内科学[M].上海:上海科技出版社,1986年.
5. 曹颖甫.经方实验录[M].上海:上海科技出版社,1979年.
6. 冉雪峰研究会(筹)编.冉雪峰研究(未刊).
7. 郝万山.伤寒论讲稿[M].北京:人民卫生出版社,2008年.
8. 何廉臣.重印全国名医验案类编[M].上海:上海科学技术出版社,1959年.
9. 余国俊.我的中医之路[M].北京:中国中医药出版社,2007年.
10. 王绵之.方剂学讲稿[M].北京:人民卫生出版社,2005年.
11. 何绍奇.读书析疑与临床得失[M].北京:人民卫生出版社,2006年第2版.
12. 张锡纯.医学衷中参西录[M].石家庄:河北人民出版社,1957年.
13. 浙江省中医研究所.《瘟疫论》评注[M].北京:人民卫生出版社,1977年.
14. (清)叶天士,徐灵胎.临证指南医案[M].上海:上海人民出版社,1976年.
15. 林慧光.陈修园医学全书[M].北京:中国中医药出版社,1999年.

16. 彭建中. 中医古今医案精粹选评[M]. 北京:学苑出版社,1998年.

17. 裴永清. 伤寒论临床应用五十论[M]. 北京:学苑出版社,1955年.

18. 刘渡舟. 伤寒论通俗讲话[M]. 上海:上海科学技术出版社,1980年.

19. (清)傅山. 傅青主女科[M]. 北京:上海科学技术出版社,1969年.

20. 张镜源. 冉雪峰学术评传[M]. 北京:中国盲文出版社,2015年.

21. 黄树则. 中国现代名医传[M]. 北京:科学普及出版社,1985年.

22. (隋)巢元方. 诸病源候论[M]. 北京:人民卫生出版社影印,1955年.

23. 南怀瑾. 小言《黄帝内经与生命科学》[M]. 北京:东方出版社,2008年.

24. 任应秋. 内经研习拓导讲稿[M]. 北京:人民卫生出版社,2008年.

25. 陈修园. 神农本草经读[M]. 上海:上海锦章图书局.

26. 孙思邈. 校正千金翼方. 光绪戊申年[M]. 上海:上海久敬斋书庄.

后　记

余不敏，承蒙主编老师错爱，位忝《冉雪峰医著全集》副主编之列，因毫无建树，心中不无愧怍。退休后，历时八年，编《冉雪峰——中医文化学术之路》竟，言犹未尽共无任感慨沛然而生。

冉雪峰先生身处五千年未有之大变局，两度因国事系狱，后弃政从医，自觉承担起中医文化学术之天命，"究人与天地所以共同生"。安身立命，探寻阐扬古典义理；上下求索，躬身履践辨证施治；返本开新，守先待后鞠躬尽瘁，乃中医文化学术生命的"麦田守望者"。

撰写过程中，妻子唐家群，巫山县志办编辑，以政史专业背景，年届古稀担负书稿的打字、校订，中医文字没少生僻，文辞多见佶屈聱牙，往往一词一字殚精竭虑。

本书撰写中，无形中予我精神资源、学术思想的良师益友，恕不一一列名，谨致深深的谢意。

中央美术学院许仁龙教授于沉潜含咀湖湘文化之暇题写书名，中国艺术研究院山水画研究室主任唐新江设计封面，特此鸣谢！